枯葉剤の傷跡をみつめて

ある映像作家の「失われた時」への歩み

坂田雅子
Masako Sakata

花伝社

はじめに

私の人生の最終章は、20年前のアメリカ人の夫の死とともに始まった。彼の死は突然やってきた。あまりに急なことに、目の前が真っ暗になり、この先どうやって一人で生きて行ったらいいのか、途方にくれた。

真っ暗闇の中に、藁にもすがる気持ちで光を求めてたどり着いたのが、夫の死因と思われたベトナム戦争時代の枯葉剤について知ること、そしてそれを記録映画にすることだった。米国で2週間のワークショップに参加し、ドキュメンタリー映画製作の初歩を学び、2004年の夏、ベトナムに出かけた。

夫の死は本当に枯葉剤に関係しているのだろうか、ベトナムには今も枯葉剤被害者がいるのだろうか、私に取材などできるのだろうかと、疑問符いっぱいの旅だったが、多くの人々の助けを借りて、ベトナム各地で枯葉剤被害の実態を見ることができた。

被害者は田舎でも都会でもいたるところにいて、その被害の様子は様々だ。カメラの扱いに慣れていない私には目の前で起きていることを追っていくのが精一杯だった。そうして出会った被害者の人たちが一生懸命に生きている様子、家族がいたわり合いながら貧しい中にも笑顔を忘れず生きている姿などが、悲しみに打ちひしがれていた私に力を与えてくれた。

そうしてできたのが、2008年に公開された第1作目の「花はどこへいった」だ。

この映画によって、私は映像作家としての第一歩を踏み出した。それからほぼ20年、映画づくりが私の日々を支えてくれ、私を社会に繋げてくれた。

その後、枯葉剤、原子力、核などをテーマにドキュメンタリー映画を作ってきたが、こんな大きなテーマに向かって一人の私に何ができるのだろうという無力感は常にあった。でもこの小さな私にできる一歩からまず始めなくてはという気持ちで、私なりにこれらの問題を知り、知ったことを映像という形でみなさんと分かち合うことをしてきた。

今や誰でも、なんでも発信することができる、まさに情報が溢れる世界である。そのメリット・デメリットはあるが、大きな組織に頼らずとも、このようにドキュメンタリーが作れるということは素晴らしいことだと思う。


その後もベトナムへ通い続け、枯葉剤問題を見つめてきた。

ベトナムは驚異的な経済発展を遂げ、戦争ははるか遠い昔の話になり、戦争を知らない若者も増えている。でも枯葉剤の被害者たちは取り残されたままだ。被害は第2、第3、そして今では第4世代にまで及び、面倒を見てきた親たちは高齢となり、この先、誰が子供たちの面倒を見るのかが深刻な問題になっている。

折に触れて出会ってきた被害者たちのことを考えると、まだまだ伝えるべきことはあるという思いに押され、枯葉剤をテーマにした映画を3本作ってきた。

「一度始めた戦争はいつまでも終わらない。だから戦争は始めてはいけないんだ」

ある米帰還兵の言葉がいまも響く。

1作目と3作目の映画のタイトルは、反戦歌「花はどこへいった」のフレーズから取ったものだが、この歌の終わりには「人はいつになったら学ぶのだろう」という言葉が繰り返されている。

答えはどこにあるのだろう？　答えは見つからないかもしれないが、それを探すという努力を私たちは続けなければならないのではないだろうか。

戦争によって「失われた時」の中で、枯葉剤の被害者も、そして私も、何かを探し生き抜いてきた。探していたのはその答えなのかもしれない。

この20年、枯葉剤によって傷つけられた多くの人々、また科学者として、医師として、この類を見ない環境破壊に立ち向かう人々に出会ってきた。彼ら、彼女らの、悲痛ではあるが勇気ある数々の証言は折に触れて脳裏によみがえり、それに勇気付けられてきた。私は彼らから人と繋がることの大切さを学び、心の中に灯をともされた。

これらの貴重な証言を、多くの方々と分かち合いたく、書籍としてまとめることを思い立った。

また、映画「失われた時の中で」上映後、枯葉剤の問題に関心を寄せてくださった、尊敬する各界の方々と対談する機会を得たことは大変幸運であった。本書Ⅱ部はそれぞれの方が、それぞれの立場から深い思いを語ってくださった、その対談集である。

この小さな本が、戦争と平和、自然と人間のあり方について考えるきっかけになることがあれば、大変嬉しい。

枯葉剤の傷跡をみつめて——ある映像作家の「失われた時」への歩み◆目次

はじめに　I

I部　枯葉剤をめぐる証言

第1章　グレッグの戦争と死　10

1　グレッグの証言　10
2　フィリップの証言　18

第2章　ベトナムの旅　23

1　グエン・ティ・ゴック・フォン医師の証言　23
2　ジーン・メーガー・ステルマン博士の証言　32
3　障害児を抱えた家族たちの証言　37

第3章　敵味方を問わず降り注いだ枯葉剤　49
1　米帰還兵、デイヴィッド・クラインの告発　50
2　帰還兵の子供たち　52
3　ベトナム平和村の子供たち　73
4　戦争は終わったが……　78

Ⅱ部　対談：映画「失われた時の中で」を観て

1　枯葉剤被害を追って半世紀　中村梧郎　92
2　ゴリラの視点から見た戦争と平和　山極壽一　118

3 音楽を通して社会と繋がる　小室等　139
4 わたしの心のレンズ　現場の記憶をつむぐ　大石芳野　153
5 ベトナムとの出会いから考える　桂良太郎　166
6 「ナパーム弾の少女」を追って　藤えりか　178
7 オレンジ村の建設に向けて　鈴木元　192
8 絶望を希望に変えて　加藤登紀子　204
あとがき――絶望を希望に変えて枯葉剤被害に向き合うベトナム　221

Ⅰ部

枯葉剤をめぐる証言

第1章　グレッグの戦争と死

1　グレッグの証言

1966年、夏。

その少年はロスアンゼルスの高校を卒業したばかりだった。

カリフォルニア州オレンジ郡。保守派の牙城と言われた、ロナルド・レーガンの地盤でもある。

アメリカは1965年から泥沼化の様相を呈してきたベトナムへの介入を深めつつあった。

少年は軍隊に志願し、秋からは軍事訓練が控えていた。トンキン湾事件をきっかけにエスカレートする戦局に対処するため、徴兵も増加していった。そんな中で、少年は、徴兵される前に志願することを選んだのだった。

彼が軍隊に志願したのは、外国を見たかったから。志願すれば外国に、多分ドイツのような国に行けるし、息詰まるアメリカの生活から逃れられるかもしれない。徴兵されてベトナムに行かなくても済むと思ったと、彼、グレッグ・デイビスはのちに私に語った。

彼の思惑は見事にはずれ、訓練ののち、ベトナムへ送られることになる。18歳の少年兵。ビールを飲むことさえ許されていない年だった。

1967年5月17日。ベトナム。僕らをのせたボーイング707は夜間警報の中をトンソンニュット空港に着陸しようとしていた。飛行機の小さい窓からそのようすが見えた。ロケット弾が炸裂し、曳光弾――赤い軌跡は民主主義を象徴し緑は共産主義を表す――が飛び交っていた。炸裂するロケット弾や曳光弾の軌跡は、夢の中のように美しく、音もなく、現実ばなれした光景だった。

パイロットは急遽予定を変更し、中部高原地帯のプレイクに向かった。銃撃をさけるため、おもいきり急降下して着陸した。

戦争のさなかのベトナムはアリスの不思議の国のようだった。そして、僕らは無垢だった少年時代に別れを告げた。

サイゴンの土を踏んで間もなく、僕は19歳の誕生日を迎

1968年、20歳のグレッグ

えた。ロスアンゼルスの保守的な高校を卒業したばかりの少年にとって、サイゴンは喧噪に満ちた魅力的な街だった。戦争の匂いに興奮し、道行く女の子が皆きれいに見えたものだ。

しかし、何がどうなっているのか、まだ、少しも把握できていなかった。

子供のころから、悪いやつは殺せと言われてきた。例えばインディアンを殺してきたように。おもちゃもそれを実現する役に立つようなものをもらった。雄叫びをあげて、仮想の敵めがけて突進したものだ。でも、そこでは血は流れなかった。ベトナムは本物だった。ぞくぞくするような恐怖を感じた。

嗅いだこともない異国の匂い、見たこともない光景、聞いたことのない音、すべてが僕の興奮した心を刺激する。

ベトナムに向かう前、基地で軍の指導官が、タバコの吸い過ぎでかすれた声で言ったことを思い出した。「おまえたちの3人に1人は1年以内に死ぬか、負傷する。周りの仲間の顔をじっくり見ておくがいい。そして、お前たちはアメリカの民主主義と自由を守るために戦うのだということを肝に命じておけ！」

ベトナムでは、少しのお金を払えば何でもできた。何でも。殺人、セックス、闇市、麻薬、銃の売買、マネーロンダリング、フラッギング（虐待した上官を殺すこと。戦争の混乱の中で犯人の特定は困難であり、ベトナム戦争中の軍隊内での士気の低下、反抗運動を象徴する）、そして、もちろん地球上で最も偉大な国を共産主義という悪から守るということも（このために僕らは月給100ドルをもらっていた）。

僕はベトナムの各地で兵役についていた。ダナンからサイゴン、プレイク、ナチャンなどあちこちにいた。1968年のテト攻撃の時は、ダナン、フエのあたりにいた。僕たちは北ベトナム軍とベトコンに3日間占拠された。本当に危ない思いをした。大勢殺された。それがテト攻撃だったのさ。誰でもテト攻撃のことを知っているだろう。テレビでずいぶん放映されたからね。

奇襲だったが僕たちは驚かなかった。来るものが来たという感じだった。ダナンのダウンタウンにあった我々の兵舎は北ベトナム人の猛爆撃にあい、数時間で陥落。ガンシップ（対地攻撃用武装ヘリコプター）に頭上から攻撃された。かろうじて死は逃れたが、あれほど恐ろしい思いをしたことはない。多くの仲間が死に、私を含む何人かが勲章を受けた。

ナチャンで知り合ったガールフレンドがベトコンだということがわかった。初めて飲むことを覚えた。ベロベロに酔っぱらった。初めて女を知った。生まれて初めて打ちのめされた気持ちになった。機関銃で狙われたのも、人を殺したのも、何もかも初めての経験だった。ごく普通の若者が大人になるために通過する「儀式」が、ベトナムでは極端な形で行われた。

僕たちはベトナムの共産主義者たち、そしてその家族を殺すことで自由を守るのだと教えられた。

こんな環境の中でティーンエージャーだった僕らは急速に大人になり、先生や、リーダーと呼ばれる人々は信用できないということをすぐに悟った。僕たちはベトナムで行われていた殺戮の中でそれを学び、死に対する恐怖がそれに追い打ちをかけた。

死臭にも、アメリカ郊外の刈りたての芝生のにおいのように慣れた。腐臭という言葉は、ここでは、真に意味をもつ。

僕たちの多くはアメリカとアメリカが象徴するもの——政府のプロパガンダや戦争がらみの利益を求める企業——に反抗するようになった。

基地で戦争反対の意思表示をしたこともある。もっとも効果的だと思われる抗議運動をした。アメリカ国内でするよりもはるかに危険なことだ。なにしろ、ベトナムで、しかも軍の内部で反戦を訴えたのだ。

ブルーカラーもホワイトカラーも、農民たちもみんなただただ共産主義が怖くて、子供たちを、「自由と民主主義」を守るという戦争に送り込んだ。

でも、本当はいったいどちらが自由なんだ？　共産主義者か資本主義者か？　農民かビジネススーツを着込んだ企業人か？　そもそも自由とは何？

こんな疑問が僕を終わりのない、興味に満ちた、発見への道にいざなうきっかけになった。

そして3年後、僕は完全に別人になっていた。アメリカ人がどういう存在であり、戦争がなにを生み出したかを知って悲嘆にくれた。その一方、「これでやっと故郷に帰れる」という喜びに胸が躍ったのを覚えている。帰国すれば、死からようやく解放される、ほっとできる――はずだった。

1970年7月、僕は兵役を終えてサンフランシスコにもどった。「If you are going to San Francisco, be sure to wear some flowers in your hair」の歌があちこちに流れていた。空港についたとき、僕の短く刈った髪に花はつけていなかった。そして、その短い髪が兵隊であることの印だった。鮮やかな花模様の服を着たヒッピーが、飲んでいたコカコーラを僕の顔めがけて投げつけ、「赤ん坊殺し!」と叫んだ。ベトナムでは、確かに子供が死んでいったし、ベトナム戦争に加担したものの責任はあるだろう。でも、コークとは! 資本主義のシンボルと反戦にちぐはぐなものを感じた。アメリカ人は、帰還兵や戦争に対してどのように対処していいのかわからなくなっていたのだ。

アメリカはとても居心地が悪かった。いろんな人に責められた。物理的にではなく精神的にね。ある人は「俺は朝鮮戦争で戦った。お前たちは充分戦わなかったじゃないか。お前たち共産党のピンクのヒッピー、ヤッピーたちは共産主義のあいつらをやっつけるべきだったんだ」と言う。これは一つ典型的な言い方だ。

でも、じっくり説明しようとしても、彼等は聞く耳を持たないんだ。僕はたったの21歳だったからね。ビールを飲むのにさえIDを見せなければならなかった。僕は子供っぽく見えたんだ。彼等はこんなことを僕に向かって叫ぶし、もう一方では「赤ん坊殺し」と言われる。誰も話を聞こうとしない。なぜなら、僕には戦争を経験したということ以外に資格証明書はなかったからね。誰も経験を聞こうとしないんだ。本当に気が滅入った。

そこで、ふたたびアメリカを離れた。兵役中に訪れたことのある、京都に行こうと思った。帰休中に親しくなった日本人の学生の友達も何人かいたしね。

東京に着いて、その足で新幹線にのった。アパートを探し、6ヶ月分の家賃を前払いした。その頃一ドルは360円で、兵役中の蓄えもいくらかあったしね。

京都は3年間の戦争経験から離れ、落ち着いて考えるのに最適な場所だった。世界各国から、何かをもとめてやって来たヒッピーたちが沢山いたし、芸術や文化の面でも興味あることがいろいろおこっていた。もともと日本にそんな長居をするつもりはなく、東南アジア、西アジア、アフガニスタンとかイランを経て、世界を回ろうとしていたのだけど、ここで独学で写真を学びはじめ、腰をすえることになった。旅行の資金も底をついてしまったしね。

来日した頃のグレッグ

１９７０年夏。大学生だった私はグレッグと京都で出会った。大学は学園紛争の最中で、その運動にも関心を持てず、大学に入ったものの、人生の目的も意義も見いだせずにいた私に、グレッグは自由の風をもたらしてくれた。彼は3年間の戦争の後で、京都での束縛のない生活を満喫していたし、私たちは鳥のように自由に世界に羽ばたくことを夢見ていた。未来は不安と可能性に満ちていた。

試行錯誤を続けながら、私たちは生活を共にした。彼はフォトジャーナリストとしての道を歩み始め、私は紆余曲折を経たのち写真通信社の仕事を得て、30年以上にわたって続けることになる。

それぞれに充実したキャリアと、興味深い共同生活を続けていたが、２００３年初頭、グレッグが急な病に襲われる。それまで元気に世界中を駆け巡っていたのに、一体どうして、と途方にくれる中で、医師は長くて余命6ヶ月という。それから2週間で彼は逝ってしまった。悲しんでいる間さえないほどの突然の出来事だった。

2　フィリップの証言

長年、彼と取材旅行を共にしてきたベテランのフォトジャーナリスト、フィリップ・ジョーンズ・グリフィス。彼は戦時中からベトナムを取材し、写真集『Vietnam Inc.』で戦争の悲惨さと矛盾を描き、反戦運動に大きな影響を与えた。

ニューヨークに住む彼はグレッグの様子を気遣い、時々病院に電話をくれていた。ある日、病状を伝える私に彼は言った。「グレッグの病気の原因は、ベトナム時代に浴びた枯葉剤に違いない」と。私は耳を疑った。枯葉剤については一応の知識は持っていた。出会ってすぐに、グレッグが私に「枯葉剤を浴びているので、子供はできない」と伝えたことも蘇ってきた。当時、子供を作るなんて考えてもいなかったので、その言葉は軽く聞き流していた。

でも、今更、30年以上も経って影響が現れるなんてことがありうるのだろうか？

グレッグと出会う前、新聞で見たベトナムのマングローブの林、枯葉剤散布前と後を比較した航空写真を思い出した。人ごとだと思っていた出来事が、こんな形で私を襲うなんて！

グレッグと最初に会ったのは１９７０年代後半、たしか77年頃、韓国でのことだった。他の米国人とは違っていると思ったよ。高級ホテルに滞在する写真家たちと違い、小さな韓式旅館に泊まり、床の上に寝ていた。親しくなって分かったが、彼はいい意味で、根っからのアナーキストだった。人の言葉をうのみにせず、その裏側を追求し、必ず疑問を投げかけた。〝ただ者じゃないぞ〟と思ったよ。

あまり過去は話さなかった。比較的若く軍隊に入りベトナムに行き、そしてすぐこの戦争がおかしい、米国は間違っていると気づいたそうだ。

フィリップ・ジョーンズ・グリフィス

グレッグとフィリップ

何度も枯葉剤を浴びたと言ってた。彼が駐留した地域では大量に散布されたんだ。それが理由で、妻の雅子さんとの間に子どもを持たないとも……。何度も枯葉剤の散布を浴びたので、子どもへのリスクが大きすぎるから。

そして……まさに悲劇なのだが、まだ54歳という若さで肝臓が爆発した。

フィリップの証言に私は驚いた。枯葉剤のことが私たちの間で話題になったのは1970年、知り合ってすぐのあの一回だけだったのだから。私には話さなかったが、彼の中では大きな不安として残っていたのだ。

2003年5月4日、彼は逝ってしまった。あまりに突然のことで茫然自失とするなか、藁にもすがるような気持ちで、枯葉剤について調べよう、できたらそれについてドキュメンタリーを作ろうと思い立った。

映画を作るなんて大それたことが私にできるとは思わなかったが、思い詰めた気持ちが私を大胆にさせたのだろう。あるきっかけで知った、アメリカのドキュメンタリー映画製作のワークショップに参加することにした。当時、写真や映像のデジタル化が始まって間もない頃で、専門家でなくてもカメラやその他の機器が扱えるようになったばかりだった。2週間のコースで、カメラやコンピュータの扱いの初歩を覚え、「ああ、映画って、私にも作れるんだ」と感慨を覚えた。

早速ソニーのビデオカメラを買い求め、フィリップを誘って、2004年の夏、ベトナムに出かけた。

私が枯葉剤について知っていることはわずかだった。ベトナムへの旅に備え、インターネットもまだ普及していない当時、可能な限りの枯葉剤についての資料を日本語と英語で集めた。夫を亡くした喪失感が私を駆り立てた。

枯葉剤とは何なのか？　かいつまんで言うと、以下のようになる。

アメリカは南北に分断されていたベトナムで南の政権を支持し、1965年から本格的な軍事介入をはじめた。

しかしジャングルを拠点に活動する解放軍の抵抗に、苦戦を強いられていた。そこで、生い茂るジャングルの葉を枯らしゲリラの隠れ場所をなくすため枯葉剤の散布を始めた。

戦争のエスカレーションに伴い枯葉剤の散布は激増し、南ベトナムの土地の多くが汚染され、不毛の地となった。

エージェント・オレンジと呼ばれる枯葉剤は、米国内で使われていた農薬と同じものから作られていたが、その効力は25倍も強力だった。

枯葉剤には猛毒のダイオキシンが含まれていた。ダイオキシンは半永久的に環境にとどまり、様々な形で人間の健康障害を引き起こす。

数百万人のベトナム人と戦争に参加したアメリカ兵の多くが、枯葉剤の影響を受けた。その被害は子供や孫の世代まで続いている。

ダイオキシンは今もベトナムの土に残り、傷ついた自然はいまだ回復していない。

第2章　ベトナムの旅

1　グエン・ティ・ゴック・フォン医師の証言

久しぶりのベトナム。上空から見ると山々は鬱蒼たるジャングルに覆われ、ここであの激しい戦闘が繰り広げられ、大量の枯葉剤が散布されていたとは思えないのどかな佇まいだ。サイゴンやハノイの大都市では、かつては無数の自転車が、どこからどこへ行くのか、隙間もないほどの交通量だったが、今それはオートバイに取って代わられ、またそれらは自動車によって急速に置き換えられようとしている。

ツーズー病院はホーチミン市の主要な産婦人科病院である。その一角には、枯葉剤などを原因とする障害を持って生まれた子供たちが１００人ほど生活している「平和村」という施設がある。フォン医師は１９６０年代からこの病院に勤務し、枯葉剤がもたらした悲劇の数々を見てきた。

グエン・ティ・ゴック・フォン医師

私は1965年から69年まで学生としてここで研修しました。そして異常な出産や疾病が激増していることに驚かされました。でも当時、その原因が何かは分かりませんでした。

今日まで、忘れられない出来事があります。それは枯葉剤の影響と思われる無脳症の赤ちゃんを産んだお母さんのことです。とても若い女性から産まれた赤ちゃんが大変重い障害を持っているのを見た時、私は冷静ではいられませんでした。私は叫び、凍りつき、麻痺してしまいました。それまでにそんな経験をしたことがなかったので、恥ずかしいことに、かわいそうな赤ちゃんとお母さんをそのままにして、私は病室を飛び出してしまったのです。

その後ずっと、お母さんに対して悪いことをしてしまったと後悔の念に駆られています。母親はその後何日も眠れぬ夜を過ごし、私もその赤ちゃんとお母さんのことが頭をはなれませんでした。

その後も週に一度か二度はそのような出産を経験しました。

1975年に米国の退役軍人たちが訪れた時、戦争中に散布された有毒な化学物質が人体に影響を与えたことを初めて知ったのです。

1976年になって初めて、その理由がわかってきました。その頃アメリカ兵がベトナムを再訪するようになり、ツーズー病院に来て異常出産の割合を尋ねたのです。私がそれに対応することになり、病院の記録とホーチミン大学の博士論文を調べました。そして米国国立科学アカデミーが1974年に発表した、米軍がベトナム戦争中に散布した有毒化学物質の影響に関する資料を見つけたのです。

私は化学物質の散布量とツーズー病院での異常出産の頻度が関連していることに気づきました！

私たちは標本を送りました。奇形の子どもや母親、がん患者の血液や細胞が、カナダや西ドイツに送られました。結果は驚くべきものでした。人体内のダイオキシンのレベルが、エージェント・オレンジの散布を受けていない北ベトナムや国内の他の地域と比べると、とてつもなく高い数値を示したのです。

母乳中のレベルは1450PPTでした。人体内で検出されたものとして最高の数値です。ダイオキシンの製造以来、こんな数値は初めてです。

そしてより詳しく調べ最初の論文を発表しました。その内容は以下のようなものです。

子宮内での胎児の死亡率は、１９５２年には０・58％、１９５３年には０・12％。それが、１９６７年には１・16％、１９７７年には１・78％になり、１９８５年には１・16％に減りました。52〜53年と67〜85年の数字の違いには顕著なものがあります。77〜85年の差は医療の改善によるものと思われます。

胞状奇胎と絨毛がんは、１９５２年の０・78％から、１９６７年１・43％、１９７７年３・８５７％、１９７９年は５％に増加。散布が終わってからケースが増加する傾向が見られます。

先天性奇形は、１９６３年０・73％、１９８０年１・24％、１９８５年１・46％と継続的な増加が見られます。被曝後しばらくしてからの影響が顕著です。

これら病状の増加は、１９６５年から１９７０年にかけての南ベトナムでの除草剤の散布と関係しているようです。胞状奇胎に関しては、他の条件が同じ、東南アジアの国々よりもかなり多くなっています。

問題をより明らかにするために、私とツーズー病院のチームは散布された地域と散布されなかったホーチミン市で調査を行ないました。散布された地域と、されなかった地域の先天性欠損症や他の異常出産について、その発生状況を調べました。その結果は、異常出産の割合が、散布された地域では、散布されなかった地域の４倍だったのです。

１９８４年と85年にはホーチミン産婦人科病院の手術や解剖から得られた、枯葉剤被曝の可能性がある患者の脂肪組織を検査しました。患者は22～52歳の女性で平均年齢は40歳です。検査の結果、これらに含まれているダイオキシン（TCDD）の値は、カナダやアメリカなどの工業国よりはるかに高いものでした。なお、北ベトナムのサンプルからは有意な量は検出されていません。

この結果、戦時中の南ベトナムにおける有毒化学物質（ことに枯葉剤）の散布と先天的奇形や他の異常出産との因果関係は、証明されたと私たちは信じます。

ツーズー病院の平和村には、重篤な障害を持った子供たちが2004年の時点で100人ほどいた。わたしはフォン先生に聞いた。

――この子たちは最近生まれてきたわけですが、母親でなく祖父母が枯葉剤を浴びたのですか。

「その通りです。母親か父親が、その両親から授乳などでダイオキシンの汚染を受けたのです」

――つまり第3世代ですね。

「そうです。ベトナムではとくに南部において若い医者や

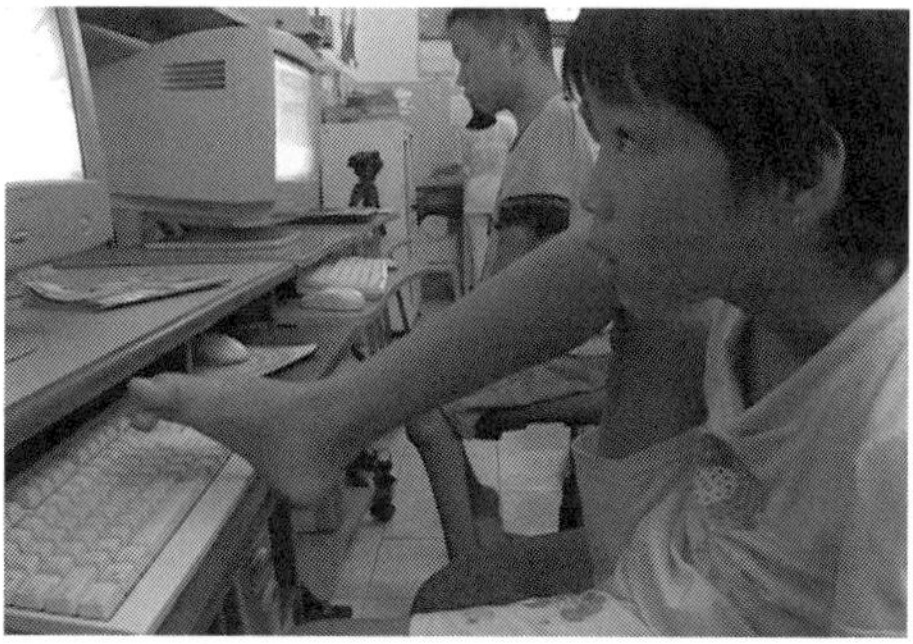

ツーズー病院で生活するファム・ティ・リン

助産婦を対象に研修を行い、超音波による検診を進めています。妊娠のなるべく早い段階で胎児の異常を発見するためです。そして出産前に中絶するようにします。これ以上奇形の子どもが生まれないためです。障害児を育てることは、社会にも家族にも大きな負担となっています」

――この子たちの未来は？

「大変でしょう。でもみんな明るい。まだ分からないんです。ときどきかわいそうでたまらなくなります。涙が出てきます。今は自分の将来を考えることもなく、楽しく暮らしています」

フォン先生は昔のことを思い出して涙ながらに語った。

一番大変だったのは1975年に戦争が終結してからでした。手術に必要なものが手に入りませんでした。

36歳くらいの女性患者のことを思い出します。彼女は癌になって夫から見捨てられ、6人の子供に連れられて病院に来ました。長女は14歳くらいで子供たちが皆廊下にならんで、「先生お母さんをぜひ助けて下さい。わたしたちにはお母さんしかないのです」と懇願するのです。

わたしは彼女を助けることができませんでした。出血を止めることができなかったのです。その夜、私は手術室を出ることができませんでした。そこで泣き続けたのです。子供たちが、

「先生、泣かないでください。あなたがそんなに弱くて、どうして患者を助けることができますか？」と言うのです。

今なら、同じような患者がいたら、私は彼女の命を救うことができます。充分な医療設備があるからです。ドイモイ政策以降、経済が少しずつ上向いて医療設備も改善しました。

一番うれしいのは、なんといっても赤ちゃんが無事生まれた時です。そして産声をあげる時。私達はみな笑います。とても幸せです。

超音波によって障害が前もってわかるようにはなりましたが、全部わかるわけではありません。障害児の数は減りましたが、いまだに大きな問題です。赤ちゃんが障害児だとわかった時、お母さんたちはとても悲しみます。でも妊娠12週から16週くらいなら中絶できるので、まだましです。それ以降になってわかった場合の母親は悲痛です。

多くの人が科学的問題と政治的問題を混同しています。私がダイオキシン問題にふれると、仲間の中には「また政治の話をしている」と揶揄する人たちがいます。私は、「政治の話ではなく科学の話をしているのです」と反論します。それでも私は、この問題をとりあげるときには気を配るようになりました。

アメリカの科学者や政治家の中には、障害児と枯葉剤の関連を否定する人がいます。でも彼らがここに来れば容易にわかることです。私は彼らが来たらホルマリンのびんに保存されている奇形児の標本を見せます。そしてそれぞれの子供の父と母の経歴を示すのです。アメリカの国会議員が来た時もこの部屋に連れて来ました。彼らの中には吐き気を催す人もいました。そして、わかった、よくわかった、これ以上の証明はないと言うのです。

一般的にアメリカ人は、自分の居心地のいい生活から出たくないのです。そして見たくも知りたくもないのです。自分の家族や知り合いが枯葉剤の影響を受けたとわかってはじめて、注意をはらいます。

2020年、フォン先生はツーズー病院を退職していた。今は地方の枯葉剤被害者を定期的に訪問し、支援を続けている。

村々を回り、自費で用意した米などの支援物資を配布すると同時に健康相談にも乗っている。私はコンツーム地方への旅に同行した。この辺りは枯葉剤の影響が強く残る地方で、病気が多いにもかかわらず、ほとんどが無医村なのだ。

田舎の状況をとても心配しています。彼らは本当に辛い思いをしているのです。私の力は本当に小さいし、人々を助けるのには年をとってしまいました。とても辛いです。20代の頃を思い出します。病院で多くの奇形児を取り上げました。それは目を覆いたくなるような光景でした。お母さんたちは泣き、このような奇形の赤ちゃんを産んだことを嘆き、悲しみ、苦しみます。

私は犠牲者のために、私の子供たちのために、何かしなければと思いました。アメリカ政府そして化学会社は責任を取らなければなりません。犠牲者に補償すべきです。

私や、良心ある人々は、枯葉剤被害者への補償と世界的な化学兵器の禁止を求めて闘ってきました。シリアやウクライナで化学兵器が使われているというレポートには、悲しみを禁じ得ません。これらの兵器が生み出す恐ろしい結果を嫌というほど見てきたのですから。

ベトナムには今も何百万人という枯葉剤の被害者がいます。子供も大人もです。ほとんどの人が障害を持ち、貧しく、働くことができません。

ホーチミン市には2万2000人の被害者がいて、多くは両親と住んでいます。両親が亡くなれば、彼らには面倒を見てくれる人がいなくなるのです。私たちはそのような被害者をケアするため、「オレンジ村」を作る計画をしています。彼らが賃金を得ることができるような職業訓練をする予定です。

〝小さな幸せ〟をベトナムの枯葉剤被害者に与えることができるように、ベトナム内外の友人が手を差し伸べてくれるよう願っています。

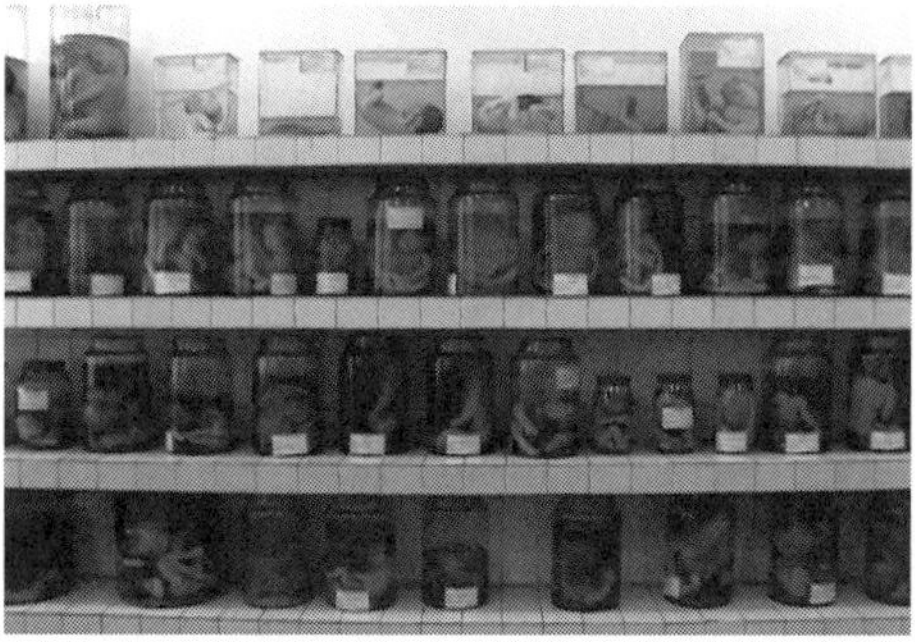
ツーズー病院に保管されている障害をもった胎児

帰り際に案内された鍵がかけられた一室には、ツーズー病院で産まれ、生き延びることのなかった胎児の数々がホルマリンの瓶に保存されている。生殖器が額についていたり、胴体がひとつ、頭がふたつなど、想像も及ばない奇形の胎児たちだ。

彼らの姿はそれからの私の旅に、影のようについてきた。

2　ジーン・メーガー・ステルマン博士の証言

フォン医師が次々と生まれる障害児や異常出産に驚愕していた頃、アメリカでも枯葉剤について、様々な疑惑が起こっていた。

1960年代半ばには枯葉剤に含まれる2，4，5，-Tに猛毒のダイオキシンが含まれていること、ネズミの実験で催奇性が証明されたこと、ベトナム帰還兵の中に、枯葉剤に関係していると思われる様々な症状が現れ始めていることなどだ。

コロンビア大学のジーン・メーガー・ステルマン博士はその頃、大学院で化学の勉強をしていた。69年か70年頃、あるセミナーで除草剤の影響と思われるベトナムの障害児の写真を見たのを覚えているが、まさかアメリカ兵も枯葉剤を浴びていたとは思わなかった。

博士は1963年から1970年までの膨大な飛行散布記録をデジタル化し、散布地図を構築した。彼女は400万人に近いベトナム人が枯葉剤を浴びたとみている。

少人数の帰還兵グループからこのことを調べて欲しいと依頼されました。私は「もちろん、お手伝いします」と答えました。でも、自国の兵士たちに散布はしなかったのだから心配ないとも言いました。

ジーン・メーガー・ステルマン博士

私はアンケートを用意しました。そのころはまだ、コンピュータが一般化されていなかったので、統計はすべて手作業でした。そこで、あるべきではないパターンを発見したのです。私は疫学者で化学者でもある夫（スティーヴン・D・ステルマン博士）に相談しました。「見て、なにかがおかしい」ということで共同研究をはじめたのです。

まず、「帰還兵と法律に関する国立センター」（National Center for Veterans and Law）から、空軍のすべての枯葉剤散布に関するオリジナル・ファイルを入手しました。その飛行記録をコンピュータ・プログラムに取り込んで散布地図を作りました。この方法はうまくいきそうだったので、次に帰還兵のグループ、American Legions に接触し、7

000人の帰還兵の健康状態についての統計をとりました。

それからが大変でした。枯葉剤が多く撒かれた地域にいた帰還兵の健康の統計をとるには、大規模な調査が必要です。そのためには政府の協力が不可欠ですが、医学学会、全米科学アカデミー、議会、そして数多くの帰還兵グループが強く勧めたにもかかわらず、政府は動こうとしないのです。

未だに決定的な研究はなされていません。大きな壁が立ちはだかっています。そこには、あきらかにベトナムに撒かれた12万ガロンの化学剤が健康に被害を与えたことを認めると、その責任を取らなければならないという化学薬品産業の商業的思惑があります。

80年代に始めた調査はその後、どこからも資金を得ることができず中断していましたが、ダッシェル上院議員らが通した91年のエージェント・オレンジ法の効果もあり、研究資金を調達できるようになり調査を再開しました。American Legions の帰還兵たちに再び接触し、ナショナル・アーカイブ（国立公文書館）での調査も再開しました。この調査は大仕事でした。散布の記録は5種類もあって皆異なっているのです。1年間、来る日も来る日も、机の上にかがみ込んで膨大な資料と格闘しました。

そしてやっとオリジナルの記録に到達したのです。やっとこの煩雑な記録を再構築し整理することに成功しました。そしてコンピュータに取り込むシステムを作り出しました。ベトナムを格子に分け、それぞれの格子の目の中にいつ、どれだけの枯葉剤が散布されたかを見られるようにしました。これはとても役立つモデルだと思います。2004年のネイチャー誌のカバーストーリーにもなりました。

このシステムは何万回もの散布飛行記録を、実際に地上で起こっていたことに置き換えます。格子の一つの目は100m四方です。これをみると一つの目にどれだけの枯葉剤が散布されたかを見ることができます。これを年代を追って動画にしたものを見ると、戦争の進展の様子も見えてきます。ラオスへ侵攻を始めた時――ただしこれは秘密裏になされたので飛行の一部でしかありませんが――、カンボジアに侵攻した時などがわかります。

散布の量が色分けされていますが、これを念頭に置いてその時地上にいた人たち、味方も敵も、重い足どりで戦場や田んぼを行く人たち、そこに住む村人たちを想像してみてください。これは、散布の動画地図による戦争批判そのものです。

この散布地図に、ベトナムの人々がどこに住んでいたか、村がどこにあったかを重ねることによって、抽象的な格子目の一つひとつに何人が住んでいたのかが見えてきます。こうして計算した結果、400万人ものベトナム人が枯葉剤を浴びたということがわかりました。

ナショナル・アーカイブの資料でもう一つ分かってきたことは、当時散布作戦の計画をしていた人たちは、どこにどういう政治的傾向の人たちが住んでいたかを把握していて、それをターゲットに散布していたということです。

私たちの調査は復員軍人局（Veteran's Administration）の反対で再び資金難に陥り中断して

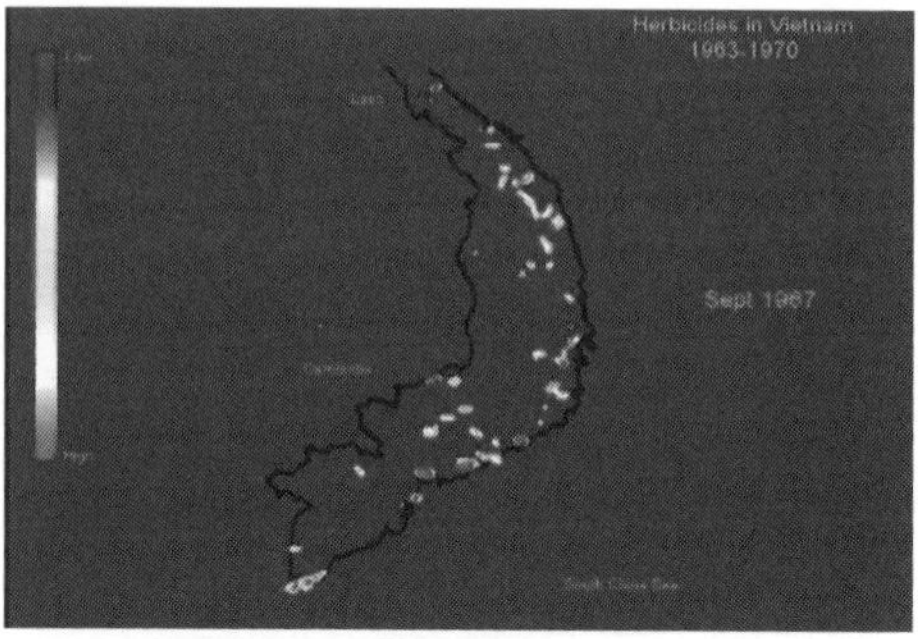

ステルマン博士による枯葉剤散布地図、1967 年 9 月

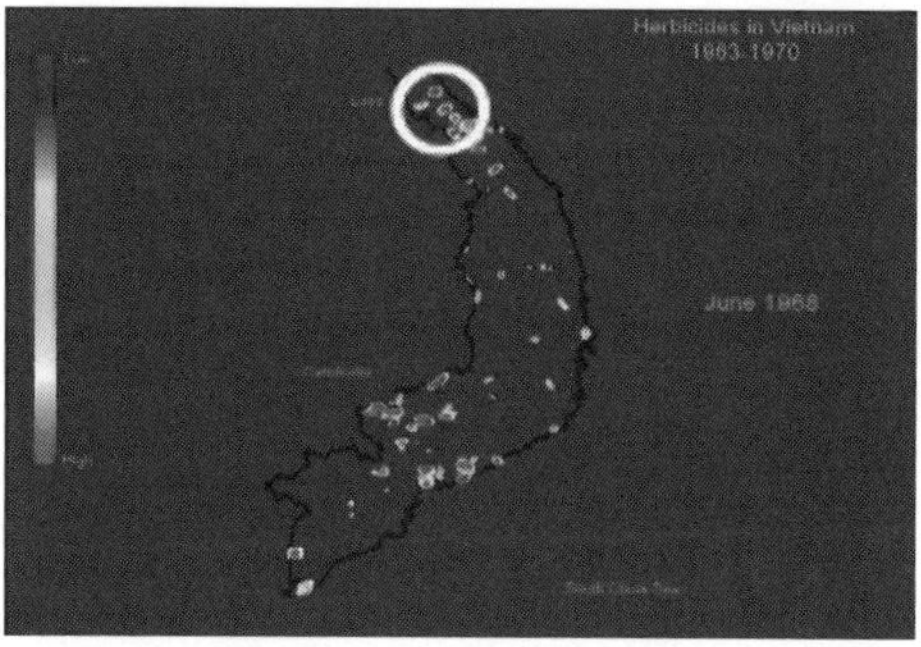

同、1968 年 6 月

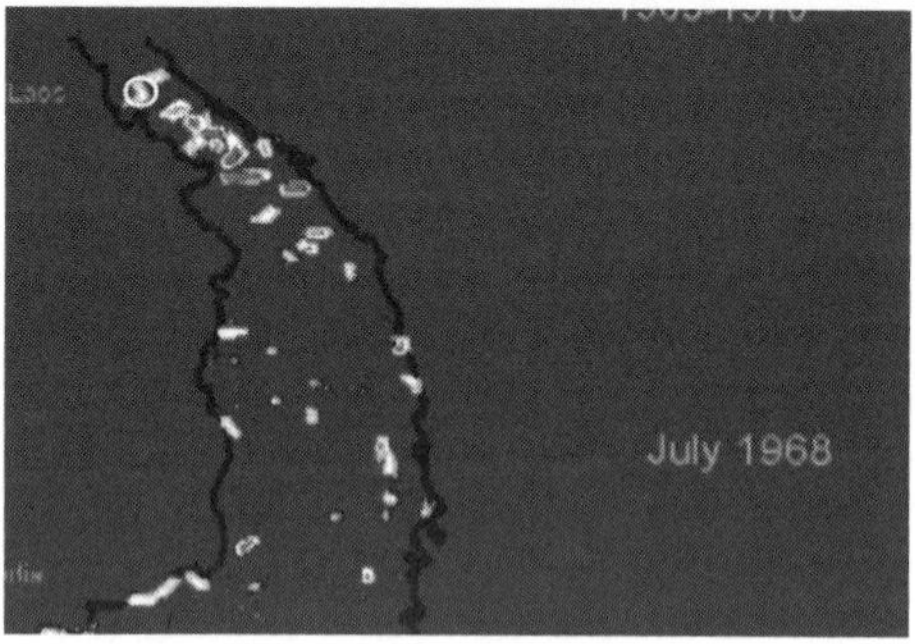

同、1968 年 7 月

います。枯葉剤が健康に及ぼす被害の研究はまだ表面を引っ掻いたくらいです。全体像を知るには大掛かりな研究が必要なのです。

枯葉剤は南太平洋のジョンストン島に集められ焼却されました。流出したもの、残滓についてのテストもされ、大部の報告書が作成されました。これらの中から情報を引き出すのは、探偵の仕事のようです。ジョンストン島はとても風の強い島です。ここで関与していた兵士たちにも影響は現れているはずです。これは私が次に研究したいことの一つです。ベトナムでの枯葉剤散布が始まる前、そして散布が終わって何年も経った後、そして今に至るまで影響は続いているのです。

私たちは様々な環境問題について心配しています。代替エネルギーだとか、環境のクリーンアップとか、リサイクリングとかです。でも、戦争による破壊力を考えてみてください。津波や火山爆発などの自然災害以外は、人間が「征服」や「平和」の名においてお互いにする戦争行為ほど、破壊的なものはありません。

（2006年7月、ニューヨーク市にて）

3　障害児を抱えた家族たちの証言

ステルマン博士の構築した散布地図によると、いつ、どこに枯葉剤が多く散布されたかがわかる。東海岸からラオスに向かって伸びる国道9号線は、かつて北から南への兵士や物資の補給路であったホーチミン・ルートに続く。戦略上の要衝であったため、多くの枯葉剤が撒かれた。かつては鬱蒼と茂る熱帯林だった山々は、戦争が終わって30年経っても禿げ山が多い。

カムニア村はこんな山々に囲まれた、最も散布が多かった地域の一つだ。フィリップはこの村を何度か訪れていて、「呪われた村」と呼ぶ。

2004年に私が訪れた当時、カムニアの人口は5673人だった。そのうち障害児の数は158人。1980年代から生まれた子どもに異常が増え、当時は遺伝か何かが理由だろうと考えられたが、今は戦時中に使われたエージェント・オレンジが原因だと信じられている。

小さな集落の、ほとんど隣り合った家々に、それぞれの障害を持った子供たちがいる。ここで出会った人々に私は心を打たれ、その後も20年近く何度も訪れることになる。

本当に貧しい生活の中で、笑顔を忘れず、家族がいたわり合いながら暮らす様子に、私は癒され力を与えられた。カムニアは私の枯葉剤をめぐる物語の原点だった。

レ・ティ・ミと息子たち

1961年から72年にかけて、米軍機が白とピンクの粉をまいていきました。私たちは防空壕に入りましたが、目や鼻がチクチクしました。白とピンク色の粉の中には、木を枯らす何かが入っていました。木はみんな枯れてしまい、1973年頃にやっと戻ってきました。

生まれた子どもはうめき声をあげました。動物みたいな声でした。3日後は少しおさまったけれど、また〝イー イー〟と叫んで泣きました。目もなかなか開けません。

近所の人と話しましたが、他の子はじきに目を開けているのに、この子は目を開いてくれません。やっと開いても薄目で泣き続けました。

座ることができないので練習させました。椅子を作り、座ったり歩いたり練習しました。

――進歩はありましたか？

「これで進歩と言えるならね……」

レ・ティ・ミは嫌がる息子とのチュオイをなだめて、庭にしつらえた手製の手すりに連れて行き、歩行練習をさせる。

歩行練習するチュオイ

チュオイと母レ・ティ・ミ

「家の外で周りを見るのが大好きなんです」

「さあ立って。つかまって。こっちよ。お菓子を買ってあげる」

「さあ行こうね、いい子ね。歩いて。さあ外に行きましょう。外に出てリハビリの運動をしましょう。さあ立って、いい子ね。一緒に行こう」

ひとしきり歩き、満足そうなチュオイを家の中にみちびきながら、ミは誰にともなく呟く。

「この子のリハビリのためのお金があれば、楽になれるんだけど……」

家の暗闇の沈黙の中で癒しあう母と息子。レンズの向こうに浮かび上がった親子の睦まじい様子は、いまも私の心に焼き付いている。

トゥイとキエウ

レ・ティ・ミの家から一区画も離れていない、胡椒の木々に囲まれた小道の奥に小さな小屋があった。薄暗い土間のベッドには花模様のブラウスを着た愛らしい少女が横たわっている。目が見えないようだ。程なく女性が汗を拭きふき、戻ってくる。畑帰りのお母さんのチュオン・ティ・トゥイさん。子供の障害など気にせず仲の良さそうな親子だ。

トゥイさんは離婚し、一人でキエウを育てている。母親のトゥイが、娘のキエウに諭すように話しかける。

「座って。いい子ね。あいさつをしなさい。お客さんが来たのよ。お礼を言いなさい」

キエウは両手を動かし、母親に合わせて「や、や、や、や、や、やあ〜」と声を出す。
「耳で聴いて歌を覚えたんですよ」と誇らしげに母親は言う。ホーチミンを讃える歌だという。
キエウの祖母であるトゥイの母親は、トゥイが生まれた頃のことを回顧する。

母トゥイと娘キエウ

娘が生まれたのは1962年。そして1歳になるとき私は畑に出て、娘はゴザでハイハイをしていました。米軍の飛行機が来ました。木は枯れ、そしてそこから芽が出て、私たちはその芽を食べたんです。飛行機が来たのは朝のことでした。粉が辺り一面に立ち込めました。2日目の朝にはどの木も枯れていました。

その4年後再会したトゥイさんは以前より寂しそうだった。自慢の息子をオートバイ事故で亡くし、キエウと2人残されたのだ。

おとなしくしているときはいいけど、怒ったら暴れて顔に傷を付けたりするんです。

私は裏の畑でカッサバ芋を作りそれを売って生計をたてています。１時間ごとにキエウの様子を見に戻らなければなりません。畑は家のすぐ近くにあるの。留守の間、キエウが寂しくないように45分のCDをかけていきます。

枯葉剤被害者のいる家族は、アメリカとの訴訟に勝つことを願っています。でも10年、15年経って援助が来ても、遅すぎます。

ヘルパーさんも来てくれるし経済的援助も少しはある。でも精神的な苦痛は分かちあえない。

涙が一滴、トゥイの頬を伝う。

そして２０１９年に訪れたとき、キエウは26歳になり、トゥイさんは以前より痩せて憔悴して見えた。あれから牛を飼ったり様々な仕事を試みたが、今は結局村のゴミ集めをして生活を立てている。体のあちこちが具合が悪いと、腕をさすりながら言う。

キエウは今は生理もあるしその世話が大変なんです。ものを噛めないので食べさせるのも苦労する。すべて私が手伝わないといけない。

私も歳を取ってきて、娘の面倒を見るのが大変なんです。私が死んだら娘は社会が面倒を見てくれると思います。

でも、キエウが先に死んだ方がいい。

ズエンと家族

カムニアに近いクアンチ町。ここは1972年に、ベトナム戦争の勝敗を決した激しい戦闘が行われたところである。

ズエンと母ホー・ティ・ツ・フオン

枯葉剤による犠牲者を取材するため、いろいろ手配をしてくれたガイドのフアンさんは、「これから、頭が2つある男の子に会いに行きます」と言う。私には、どんな状況に出会うのか予想もつかなかった。

部屋の片隅に置かれたベッドには少年が横たわっている。その子の様子を見て、私は息を飲んだ。何度かの手術を経て、「頭が二つ」という状態でこそなかったが、目、鼻、口とも異様だった。

母、ホー・ティ・ツ・フオンの証言。

この子が生まれたときのことですが、助産婦はこの子を私に見せませんでした。そして産院の院長に知らせたそうです。この子は私たちの家に運ばれました。一方の私は産院に残ったままです。会わせまいと配慮したのです。親類がこの子を世話し私は入院を続けました。1週間して家に戻り、異常を知りました。

家には布にくるんで連れて帰ったそうです。最初に見たとき気を失い、2日間寝込みました。つらくて食事も喉を通りませんでした。自分の子とは思えませんでした。でも、これが天が与えた運命だと心を決めました。普通の子どもと同じように育てよう。産んだからには育ててやらないと……。

父、ド・ドクの証言。

ジャライ・コントゥム県で枯葉剤に被曝したと思います。そのときはジャングルにいました。1、2カ月そこで働いていたとき、木を切りに行きました。そのとき汚染されたのでしょう。仲間は大勢いましたが、ジャングルに入ったのは少数でした。友人の1人と私だけが木を切りに森に入ったのです。その友人はもう死にました。

ズエンに初めて練乳を飲ませましたが、あまり飲みません。コップ半杯ほどでした。でも2回目からは慣れてくれたらしく、1日に1缶の練乳を飲むようになりました。進歩を見せてくれます。障害はあっても生きようという力があります。そして重湯を飲ませておかゆに変えました。こうして成長してきました。まわりも気をつかってくれます。

彼が生まれて3カ月後、エージェント・オレンジを疑いました。他にもいろいろ原因を考えました。先祖からの因果の報いではないかとか。でも親戚にも似たような例はありません。それで分かったのです。

以前この子が手術を受けたときに、「もう子どもはつくるな」と医師が言いました。同じような子が生まれるかもしれないと。夫婦で検査をしましたが、結果は教えてくれません。でも次に生まれる子にも問題があるかもと言われ、そのとき確信しました。

ズエンと姉妹

初めて目にしたズエン君は一瞬たじろぐような風貌だったが、家族が温かく見守る様子、2人の姉が可愛くて仕方ないという風に一緒に遊ぶ様子を見ているうちに、親しみを覚え、彼の障害がさほど気にならなくなってきた。

どこまで意識があるのかわからないほど重度の障害児だが、子猫が足元によってきてじゃれついているのに反応する様に、命を見たと思った。

2008年に再び訪れたとき、ズエンは12歳になっていた。

障害は相変わらずで、体は大きくなっている。ベッドに運ぶのも大変だ。長女のヒエンさんは弟の面倒を見るために医者になりたいという。

母のフオンさんは、誇らしげに子育てについて語る。

昼食はエビかうなぎで、夕食は牛肉です。牛肉もこまかく刻まなければなりません。市場から帰ってエビをむいてつぶしたところです。

皆が子育てが上手だとほめてくれます。あんな子供だったのに大きく育てたね、と言われました。生まれたときは1700グラムだけでした。頭が長くて、怪物のようでした。

生まれて間もなく、お寺に名前を預けました。

お坊さんは「彼は生後すぐ死ぬか、でなければ100歳まで生きる。あなたたちご夫婦がそこまで長生きできるかが心配です」と言いました。

治療にはお金がかかります。手術さえできれば……。お金があれば手術できるんです。

父親のドクさんは2017年、肝臓癌で亡くなった。フオンさんは一人でズエンの面倒を見、家族を支えなければならない。

医師になりたいと言っていた長女は経済的に続かず、医療の学校を辞め、ホーチミン近郊の工場で働いている。

「生活はますます大変です。収入はほんのわずかなのに、払う方が多いんです。長女は1年に1回しか帰ってこられません。彼女は毎月、家と弟のために仕送りをしてくれます」と、泣きながらズエンに食事を与えるフオンさん。

15年間、折に触れ訪ねて来た家族。年月が残酷に過ぎる中で、かつての笑顔は消え、親たちは年老い憔悴してしまった。

2021年4月、ズエンが亡くなったという知らせが届いた。26歳だった。

夫の突然の死に導かれるように訪ねたベトナムとその枯葉剤の被害者たち。私は見てきたものを「花はどこへいった」というドキュメンタリー映画にまとめた。2008年のことだ。映画は世界各地で上映され一定の評価を得、私の中でも一区切りがついたと思った。

だが、この物語にはもっと語られなければならないことがあるという思いを持ち続けていた。もともと自分の身近にある等身大の問題だったのだが、それをより歴史的な視点、政治的な視点からとらえることによって、一作目で捉えることのできなかった、より広範囲の観客に訴える物を作りたかった。その理由のひとつに、アメリカでこの映画をもっと多くの人に見てほしいという願いがあった。一作目をあるアメリカのテレビ局に見せたところ、「個人的すぎる」と言われたことが心にひっかかっていた。では、もっと客観的・社会的な視点を入れることによって、アメリカの人たちに見てもらうことができるのではと考えた。

枯れ葉剤についていろいろ調べている中で出会ったレイチェル・カーソンの『沈黙の春』が、ケネディ大統領が枯れ葉剤散布を認めた1961年にほぼ書き上げられていたことを知り、また大統領は、この本が出版されるやいなや、アメリカでの農薬の使用を危惧し、科学者の委員会を設置した。ところが、同時にベトナムでの散布がどんどん増えていった。

この符号に私は偶然ではないものを感じ、その理由を突き止めたいと思った。アメリカでのマーケットを失った化学製造会社が、アジアでの軍事的使用を思いついたのではないかと。

その証拠は見つからなかったが、化学企業が製品の危険性を知りながら利益を優先させたという図式は明らかになり、『沈黙の春』と枯葉剤によってもたらされた環境と人間の破壊が、まさにレイチェル・カーソンが50年前に予言していたものだと気づいた。

第3章　敵味方を問わず降り注いだ枯葉剤

フォン先生がサイゴンの病院での異常出産に不審を抱き始めた頃、アメリカでも疑惑が頭をもたげ始めていた。

ベトナムでの異常出産について知った科学者たちが、調査を始めた。1965年、調査をしていたバイオネティクス研究所が、枯葉剤に含まれる2，4，5-Tにはダイオキシンが含まれており、強い催奇性を持つことを突き止めた。だがこの製品の製造者であるダウ・ケミカル社は政府に圧力をかけ、この情報を隠蔽した。公にされたのは4年後の1969年である。

その頃ベトナム帰還兵の中で、早死にするもの、病気になるもの、障害を持った子供が生まれたものなどが増加し始めた。最初は誰も枯葉剤のせいだとは思わなかったが、1978年、一人の退役軍人局の職員の証言によって因果関係が明らかにされてゆく。

しかしアメリカの法律では、戦争被害について政府を訴えることはできない。そのため兵士たちは、枯葉剤を製造した化学薬品メーカーを訴えた。

メーカー側は、「危険性を知っていたが、その情報は政府にも伝えてあった。責任は政府にある」と主張。裁判が始まる直前に、突然企業側は1億8千万ドルという和解金を提示。和解が成立し、責任の所在が明らかになることはなかった。

帰還兵らの訴えは、90年代にようやく政府に届き始める。1991年、エージェント・オレンジ法が成立、政府の責任で枯葉剤と健康被害との関連を調査することが義務付けられた。その結果、一定の疾病にかかり、当時ベトナムにいた兵士には補償金が払われることになった。調査は帰還兵の子供世代にも及んだが、枯葉剤との関連を認められているのは、2分脊椎症や女性兵士の子供の障害などに限定されている。

1　米帰還兵、デイヴィッド・クラインの告発

「平和のための帰還兵の会」会長（当時）の、ベトナムで戦ったデイヴィッド・クライン氏は回想する。

私は20歳の誕生日を迎えた1週間後に徴兵された。祖父は第一次世界大戦、父は第二次世界大戦で闘ったので、私も当然そうすべきだと思った。政府の言う通りにね。まだ、子供だったし何も知らなかった。だからただ流れにしたがったのさ。

私は射撃手として、クチ、タイニン、ホーボー地区に送られた。このあたりはベトコンの勢力の強い所だった。私は3回負傷した。そのうち2回は重症だった。いろいろテストを受けた

が、エージェント・オレンジによる影響はまだないようだ。だけど、このために病気になった人、死んだ人を大勢知っている。

つい最近、ベトナムで開かれたエージェント・オレンジ国際会議に出席するためベトナムに行って、クチ、フエ、ハノイ、サイゴンなどを回った。そこではエージェント・オレンジの影響が2世代、3世代に及んでいるのを見た。実情を見て、アメリカ人であることをつくづく恥じた。言葉に尽くせないほどだ。

米軍基地に置かれた枯葉剤

枯葉剤は基地周辺に多く撒かれた。草を枯らして敵の攻勢を防ぐためだ。敵はどこにでもいたからね。ジャングルにいた方が多く浴びたというのは誤解だ。

枯葉剤はベトコンと戦っているアメリカ兵、ベトコン、北ベトナム軍兵士、市民、南ベトナム軍兵士の上に見境なく降り注いだ。200～300万人が浴びたといわれる。残念ながらアメリカにははっきりした数字はない。政府はすべてを隠そうとしているんだ。誰かが死なない限り、私たちは見えない存在なのだ。

だが、我々は見えない存在に甘んじていることはできない。だから君（私のこと）もこの映画を作るんだ。亡くなった夫が見えない存在にならないように。

パリ平和協定が結ばれたことによって、戦争の傷は癒されるはずだった。だが、傷はまだ癒えない。そして戦争の後遺症はアメリカ兵にとっても、ベトナムの人々にとっても、いまも続いている。だから我々も闘い続けなくてはならない。

兵士はコンドームのようなものだ。一度使われたら捨てられる。戦争が終わればもう用はないのだ。あとはお金がかかるばかりだ。彼らが枯葉剤の毒を浴びせられたことなど、政府は知りたくない。戦争が終わったらびた一文払いたくないのだ。面倒もみたくない。帰国したらどっかに行ってくれというわけだ。

1984年の訴訟でアメリカの帰還兵は一部その主張を認められた。だが、既に死んでしまった人たちはどう補償されるのだ?

生き残っている人たちの闘いもまだまだ続く。そしてベトナムの人々にとっては、始まったばかりだ。

2　帰還兵の子供たち

そのうち、ベトナム帰還兵の子供の中にも、障害を抱え苦しんでいる人びとが多くいることを知った。彼らの多くは私とグレッグに子供がいたら、同じくらいの年代だ。彼らの父親は既に亡くなっていたり、重い病気やPTSDにいまも苦しめられている。

彼らとの出会いはあるインターネットのグループを通じてだった。2作目をつくろうと思い始めてから、米国の次世代の被害者を取材することの重要性は痛感していたのだが、どうやって彼らを見つけたらいいのか、皆目わからなかった。たまにニュースになってはいても、私が知り得たケースは孤立した2、3だけで、それも、どうやってコンタクトをとったらいいのかわからなかった。

ある日インターネットで、Agent Orange Legacyというソーシャル・ネットワークに出会い、何人かの次世代被害者の方々とやっと繋がることができた。

アメリカは広い。被害者たちは全国に散らばっている。入念に無駄のないように旅程を組んで、私はロスアンゼルスに住むカメラマンのビルと取材旅行に出た。2010年6月のことだ。

1週間でメイン、オハイオ、フロリダ、テキサス、カリフォルニアをカバーし、5人の被害者と会った。会ったこともなく、どういう生活をしている人たちかの知識もなく、ただ、共通しているのは、枯葉剤によって人生を大きく変えられたということ。それぞれの人にほぼ1日インタビューした。

皆、それまでせき止められていた思いが一度に噴出したかのように、ここ30年から40年、枯葉剤と出会ってからの話をしてくれた。それぞれの話に圧倒された。

私の2作目の映画「沈黙の春を生きて」は、彼女たちの思いによって魂をあたえられた。

シャロン・ペリー

メイン州。夫を枯葉剤による病で亡くす。娘2人は精神的・肉体的障害をもっている。

夫が亡くなって、私が人生の礎としてきたもの、信仰、価値観などがすべてひっくり返ってしまいました。

彼は出会ったときから、私よりずっと早く死ぬと言っていました。そして56歳で亡くなったのです。

彼の死はエージェント・オレンジのせいと認められました。彼は糖尿病と他にも枯葉剤に起因するとされている病気にかかっていました。彼はベトナムで海軍の兵士として河を航行する船に乗っていたのです。

シャロン・ペリー

（枯葉剤被害者の残された妻や子供たちをつなぐウェブサイト）エージェント・オレンジ・レガシーを始めたのは夫が亡くなってからです。アメリカの人々は、ベトナム帰還兵の家族が瀬戸際に立たされていることを知らなければなりません。大変厳しい生活の中で絶望し、いまもPTSD、エージェント・オレンジによる癌や、その他の病気と闘っています。子供も病気、孫も病気です。彼らは絶望しています。

政府の援助でさえ闘わないともらえません。彼らは私の家族を破壊しました。夫を殺しました。だからこそ私は死ぬまで戦い続けるのです。「あなたに助けられた」と言う人がいると、次の日を生きる勇気が湧きます。何年もずっと、PTSD、ベトナム、エージェント・オレンジの繰り返しでした。

アメリカはあれから前に進みました。私たちを過去に置き去りにして。私たちは発言し続けます。そして帰還兵の声が消し去られた跡を継ぐのです。

彼らは帰還兵たちが亡くなれば、自分たちの嘘を隠しおおせると思っています。でも彼らは間違っています。私たち未亡人がいることを忘れているのです。

ヘザー・バウザー

オハイオ州。帰還兵の娘で、手足を欠損して生まれる。

最近フェイスブックでシャロン・ペリーを見つけました。Children of Agent Orange などでインターネットを検索したところ、Agent Orange Legacy が見つかったのです。声を出して泣きました。「ああ、他にも私のような人たちがいるんだ」。長い間、広い国の中で一人で闘ってきて、とても孤独でした。

私の父、ビル・モリスは１９６８年から１９６９年までベトナムにいました。彼はロンビン、

ヘザー・バウザー

ビエンホアに駐留し、護送に出ることもありました。

私は1972年に生まれましたが、母はそれまでに二度流産しました。

私の誕生は母にとって悪夢でした。なぜなら私は、いくつもの障害をもって生まれたからです。私には右足膝下、手の指が何本か、左足の親指がありませんでした。

回りの人たちは息を飲んだそうです。皆ショックを受けました。母が見たのはマスクだけです。麻酔のマスク。誰にも、どうしてこんなことになったのか解りませんでした。典型的な若いアメリカのカップル、過去にトラブルもなかったのにどうしてこんな子供が生まれたのか、悪夢のようだったそうです。両親はお互いに、自らを責めました。母は自分が何かをしたのではないかと怖れ、父は父で責任を感じていました。

私が障害をもって生まれたことで、彼は自分を責めました。母は原因不明な流産を重ね、父はアルコールに浸るようになりました。彼はベトナムの虜になっていたのです。自分自身の生を生きることができませんでした。なんという悲劇でしょう。

私が7、8歳の頃、両親の喧嘩を聞いたことがあります。いつものことですが、2人で騒いで怒鳴りあって、そのうちどちらかが怒って車で出て行く。そして静かになって、私は自分の部屋にいて、父が寝室に入っていくのを聞きました。私はまだ小さくてパジャマを着ていました。私は寝室のドアから、父がドレッサーに腕をついて佇んでいるのを見ました。

父は手にピストルを持っていました。

私は小さくて何もわからなかったのですが、あのとき、父は自殺する寸前だったと思います。私は彼に近づき、見上げて、「ダディ、もし1回目がだめでも、もう一度やってみて」と言いました。8歳の私の知恵だったのです。

彼は私を振り返って、抱き上げ、「そうだ、もう一度やってみる」と言って銃を置きました。

ちょうどそのころ枯葉剤とその被害の因果関係が取りざたされ始めました。いったい何が起こっているのだろうと。そのうち、ある化学物質がベトナム帰還兵の子供たちの障害の原因ではないかという話を聞くようになりました。そこで両親は声を上げ始めたのです。両親は、父がベトナムで枯れ葉剤を浴びたせいだと確信していました。

私は地方新聞のインタビューを受けたり、写真を撮られたりしました。10代の頃、バンドのメンバーだった頃の記事があります。片足の女の子がハイスクールのマーチングバンドのコンテストに参加するのですから、小さな町では大きなニュースだったのです。

古い義足を地下室で見つけました。私はとっておくことにしました。これはまさに証だからです。いま、私があれからどんな人生を歩んできたかを振り返ってみると、私にとっても家族にとっても、生涯続く闘いでした。この小さな脚はその証なのです。この義足の傷を見てください。私はやんちゃだったのです。

私は生まれつき右手も左手も指が欠損しています。正直言って手に困らされた経験はありません。ただ他の人に「私は違うんだ」ということを示す以外は。

私はアートの仕事をするときにはよく手を使います。自分の手をよく描きます。私にとっては誰にとってもそうであるように、愛しい手なのです。

ヘザーと両親

でも私の手はある物語を語っています。それはダイオキシンについての物語です。

私が結婚したとき、父はまだ健在でした。彼は夫のアーロンをとても気にいっていて、一緒にいるのが好きでした。父は私が一生結婚出来ないのではないかと、とても心配していました。アーロンに会ったとき、父はアーロンが私を愛してくれていると確信しました。結婚式の時、父が私の介添えをしてくれたのはとてもとてもいい思い出です。

兵役時代にエージェント・オレンジを浴びたことが父の死因と認識されました。

父はアメリカを信じていました。とても愛国的で、祖国を愛していました。彼の父親は第二次世界大戦で戦ったし、戦争に行くことはどういうことかを理解していました。

彼はいつも、「子供まで戦争に連れて行っていたことに気づかなかった」と言っていました。「君にこんなことが起こると知っていたら、兵役を拒否していた」と。

父がこう言うのは大変なことです。これを聞くのは私には大きなショックでした。彼が背負っていた罪の意識はそんなにも大きかったのです。父が徴兵された時から、私たちの人生はいつもベトナムを巡って回っていました。

ヘザーと自画像

ヘザーは様々なアート用品が揃ったアトリエに私たちを案内し、大きな油絵を見せてくれる。画面いっぱいにオレンジ色の雲が広がり、中央には、裸の女の子が膝を抱えて座り込んでいる。

これは自画像です。大学時代、この絵によって私のことを知るようになった友人も多いと思います。

子供のころは一本足であることを隠せなくて、とてもみじめで無防備に感じました。皆が私のことを見ているような気がしました。なのに私は他の人たちに融け込むことができなかったのです。この絵の私は裸です。その頃私はそのように感じていたのです。皆私のことをお見通しだと思いました。

私が望むか否かにかかわらず、ヘリコプターが撒布しているものは絵から飛び出して、ベトナムから私の人生に、私の家族に入り込んだのです。

シャリティ・キース

フロリダ州。シャリティの両親は彼女が生まれてすぐに離婚した。26歳で再会した父親は、心に深い戦争の傷を負ったベトナム帰還兵だった。彼は２００９年、癌で亡くなった。

私はアクシデントで出来てしまったのです。両親は私が私生児にならないように短い間だけ結婚しました。

2歳になるまでに私は、4、5人の医師を転々としました。

2歳の時、皮膚科の医師は全身脱毛症と診断しました。私はどこにも体毛がないのです。また、16歳になっても生理がまだ始まらなかったので、母親が心配して医者に連れて行きました。医師は診察後、専門医に紹介すると言ったのみで、診察の結果は何も言いませんでした。

私たちはバーミンガムのアラバマ大学の専門医に会いに行きました。名前は思い出せないけど、医師は骨盤の検査をしたあと、超音波などのテストもしました。私が本当に女性かどうかを調べるため、染色体の検査もしたと思います。

そこで、私には子宮がなく、膣もこのくらいの大きさしかないことが分かったのです。外見は普通でしたが、中は全部異常だったのです。私はノーマルな性生活は持てない、子供もできないと言われました。

とてもつらかった。18歳とか20歳の大学生の友達は、ほとんど皆セックスを経験しています。セックスできないままデートして、ある程度続けば、次に何かを期待します。そんな時、相手に向かって「できない」と言わなければならない。説明するのはとてもつらいことです。

シャリティ・キース

2つの大変珍しい症状を併せもつことは、統計的に見ても原因があるはずです。そして同じ原因かもしれない。同じ原因でなくて、このようなことが起こりうるでしょうか。

子供ができないことについてどう思うか？　40歳になった今では、何とか乗り越えられたと思います。

いままでに2人の男性に、子供が出来ないため継続的な関係を持つことを断られました。傷つきました。

今の夫に「子供ができないから結婚できない」と言ったとき、彼は「もう子供はあるから平気だ」と言いました。

確かに、恵まれてはいませんでした。私からはぎ取られたものがいくつもあります。怒りを覚えます。いまは乗り越えました。でも不公平です。

エージェント・オレンジ・レガシーを知るようになったこの1年で気づいたことは、「生殖器に欠陥がある」ということが大きな恥だと思われていることです。これを話すのはつらいし、恥ずかしいです。この映画を見る人が私には子宮がないと知ることは、嬉しいことではありません。

でも、人びとが知ることが大切だと思います。それに、このことは恥ではありません。

私がオープンにこの問題を話したことによって何人かが口を開くようになりました。こう言

えるようになるまで20年かかりました

正直言って、化学企業や政府が金銭で補償するといっても、子供ができないことについては、お金では解決できない。買収されたような気持ちになるし、彼らはそれで義務を果たしたと思うでしょう。それについてよく考えましたが、金銭的補償を提示されても断るでしょう。お金の問題ではないのです。

メイクをするシャリティ

私はこのようなことを二度と繰り返して欲しくないのです。でも、人間の本性なのかもしれません。

戦争するとき――まず、戦争はすべきではありませんが――化学剤をまき散らすのなら、何世代も続く土地、人間、環境の破壊に対して責任をとるべきです。「私達は何の責任もない　あとは自分たちで面倒を見ろ」とほったらかすのではなく。

これには大きな怒りを覚えます。太ったビジネスマンがこれらの化学会社の何千何百万ドルの資産の上にふん反り返って、私の人生が変えられたことなど気にもとめずにいることに怒りを覚えます。彼らは気にもとめません。

こんな容貌の私を、誰がカバーガールとして雇ってくれるでしょう。子供ができない私を、誰が他の女性と同じように見てくれるでしょう。

枯葉剤がベトナムの人びとにもたらした被害を写真で見たりすると、恐ろしく思います。ベトナムの子供たちの写真を見るのはとてもつらいです。正視することができない。

枯葉剤はベトナムの土に沁み込み、何世代も続くのです。人びとはそこから引っ越すこともできず、健康に影響を与え続けています。私に起こったことよりはるかに大変です。それに比べると私はラッキーなほうだと思います。帰還兵の他の子供達に比べてもそうです。2分脊椎症にかかったかもしれないし、歩行不能だったかもしれない。もっとひどい皮膚病だったかもしれない。

私は幸運な方で、不平を言う資格はない。ベトナムの人びとに対する負債のほうが、私に対するものよりはるかに大きいと思います。

モナ・エドワーズ

テキサス州。2008年に娘ジーナをガンで亡くした。ジーナは39歳だった。

モナは典型的なアメリカの中流階級の恵まれた主婦、と私には見えた。インタビューで明かされる深い傷を負っているようにはとても見えなかったが、話が進むとともに、その深い悲しみと怒りがあらわになってきた。彼女も、ベトナム帰還兵の元夫も、私とグレッグとほぼ同い年だ。

私はケニーと１９６７年夏に出会いました。彼はベトナムから帰ったばかりでした。3年後に結婚しました。生まれた最初の子がジーナです。

１９６９年10月26日。目が覚めると医師が私のベッドの足元に掛けていました。お化けを見たかのように顔をこわばらせて、彫像のようでした。信じられないという顔つきでした。

私は赤ん坊を産んだ、と彼は話し始めました。男の子か女の子かわからないと言います。「どうして?」と私は思いました。

赤ん坊はひどい奇形で性別は判断できない、と彼は続けました。赤ん坊はセントルイスの子供用病院に運ばれ、緊急外科手術を施されました。

その後、別の医師が来て、私は男の子を産んだと言います。ただ、消化器系にちょっと問題があると。そこで私は、男の赤ちゃん用の服やおもちゃ、名前などを考え始めました。私は気持ちを決めて、息子のための計画を立て始めました。

モナ・エドワーズ

モナと娘ジーナ

次の日、ベトナム帰還兵である夫が病室に来て、ベッドの端に、同じような、凍りついた信じられないという表情で座りました。子供は女の子だ、と彼は話し始めました。

私の気持ちは乱れました。男の子だと言われたのに、今度は女の子なの？

夫は、私たちの赤ちゃんの異常な箇所を並べたてはじめました……。

彼女の腹部は胸骨から陰部にいたるまで開いていました。臓器はすべて体の外にあったのです、袋に包まれて。子宮はなく、というより2つに割れていました。ハートのような形をしていました。膀胱も同じでした。肛門も膣もなく、腰はこんな風に外に向かっていて、肋骨もそうでした。性器も奇形でした。男の子か女の子かさえ分かりませんでした。小児病院から退院して卵巣が見つかって、女の子だとわかったのです。

病院に来た親戚の人たちがいろいろ言います。私はまだ、病院にいました。彼らは赤ん坊にはこれがない、あれがないと言います。

私にはもう可愛い赤ちゃんはいないのだと思い始めました。私の心の中では、何かはいるけれど、それは何なのかわかりませんでした。

初めて病院に行って保育器の中の赤ちゃんを見たとき、まあ、なんて可愛い、と思いました。ピンクのガウンを着て、きれいな髪にはピンクのリボンをつけていました。とても可愛い赤ちゃんを生んだのだ、どこも悪いところなんてない、と思いました。そして今まで聞いた悪いことを全部忘れてしまったのです。

近づいて保育器に手を入れようとしたとき、看護師が来て何も考えずにカバーをはいだのです。初めて赤ちゃんがどんな様子なのかを見ました。

立っていられなくてその場にくずおれました。

なんというショックだったでしょう。私は18歳でした。どうしてこんなことになったのか、見当もつきませんでした。

「妊娠中に何か薬を飲んだだろうか?」と自問しました。いいえ、アスピリンさえ飲みませんでした。妊娠中、病気になったこともありません。セントルイスのミラマック河流域で育ったのですが、とても環境の良いところです。田舎育ちで健康だったし、夫もそうでした。何が原因なのかわかりませんでした。

数年後にエージェント・オレンジについて聞くようになりました。彼女の父親はベトナムにいたのです。私はいろいろ調べはじめました。

ジーナが5歳の頃、国立疾病予防管理センターに連絡して事情を話したところ、一組の資料を送ってくれました。彼らは動物実験をしていたのです。中にはダイオキシンによって生殖器に異常を持った動物の写真もありました。

その後、彼女は発達障害、重度の行動問題もかかえることになりました。彼女は外科的にできるかぎりの手術を受けました。大腸から膣が作られました。が、腸や膀胱のコントロールはできず、一生バッグを使わなければなりませんでした。彼女は友達に受け入れられ仲間になることを望んでいたのに、臭いなどと馬鹿にされてつまはじきにされていました。

彼女の人生で最良の時はいつだったか、振り返ってみます。

1歳から6歳？　いいえ、彼女は何度も手術を受けなければなりませんでした。

6歳から12歳？　いいえ、学校でもトラブル続きで友達もなく、時々一緒に遊んだいとこも、遊びたがらないときもありました。

では12歳から高校まで？　いいえ、彼女は社会的に問題がありました。友達は彼女を馬鹿にしていました。10代の彼女はどうしようもありませんでした。彼女はボーイフレンドが欲しかったのです。奇麗な子だったので男子が寄って来ました。でも、彼女の問題について知ると、みな遠ざかっていきました。

ジーナは打ちのめされました。彼女は結婚して、子供を生んで、盛大な結婚式をあげたかったのです。友達をたくさん持って、その頃の女性が望むことをいろいろしたかったのです。

ジーナはこんな風に生まれて来たことについて私を責めました。私のカウンセラーが「ジーナはあなたに対して大きな怒りを抱いています。あなたが彼女を生んだ女だからです」と言ったことがあります。彼女は大きな怒りを抱えて成長しました。怒りは世界に対して、彼女に生を与えた私に対して向けられたのです。

ジーナ・エドワーズ

2008年6月28日、私の美しい娘は大腸癌で亡くなりました。39歳でした。拒絶と苦悩に満ちた人生でした。その上に癌だとは……。

彼女は、「お母さん、銃があったら頭をぶちぬきたい」といつも言っていました。この言葉ほど、ジーナであることがどういう意味をもつのかを言い表しているものはありません。逝ってしまってからベッドに横たわる彼女を見て、こんなに平和そうなジーナを見るのは赤ちゃんの時以来だと思いました。もう病院も、手術も、仲間はずれにされることも、馬鹿にされることもない。眠りなさい。私の赤ちゃん、眠りなさい。

私は今もジーナの遺灰を家にとってあります。おかしなことです。成長した彼女を私はコントロールできなかった。人々が彼女にひどい仕打ちをしたり、物を盗んだりするのに、彼女を守ってやれなかった。いま、やっと私は彼女を守ってやれるのです。

彼女の命が消えていくのを見つめながら、ジーナはいなくなるけれど、彼女がどんな人生を送らなければならなかったか、誰かに知って欲しいと思いました。彼らがジーナの人生を見ることができたら、私の人生を見ることができたら。

自分の子供がこのような人生を送ることを想像してみてください。日々病院に座って、子供が生きるのか死ぬのかわからない。子供の体を見て、これからどんな人生を送ることになるのか考える。

あのような化学剤の栓を抜き散布する前に、本当に考えて欲しい。彼らは私の娘の人生を奪った。私の人生を奪った。私は怒っています。本当に怒っています。彼らは考えもしなかった。気にもとめなかった。自分の家族でないかぎりどうでもよかったのです。

もうずいぶん昔、ベトナム戦争に勝つために猛毒の化学剤を使うことを決めた男たち。長期的な結果のテストもせずに、目先の効果だけを考えて。自分の家族、自分の子供でなければ、どうでもよかったのです。その時が来たら何とかしようと。

その紳士の皆さん、その時は来たのです。あなた方がちゃんとテストもせずに作り出した死の兵器によって、私たちは愛する人々を今も失い続けているのです。あなた方は、私の娘が、同級生が結婚したり、子供を産んだりするたびに泣いていたのを知っていますか?

そして彼女は残虐な死を迎えました。私はなすすべもなくそこに立ち尽くしていました。

一週間でアメリカの各地を訪れ、出会った枯葉剤の被害者たち。それぞれが衝撃的な出会いだった。彼女たちは皆、私も被害者と知って両腕を広げて、私を迎えてくれた。怒涛のように押し寄せる彼女たちの証言に、私は圧倒された。ベトナムの被害者たちの悲劇を見て、アメリカの罪を糾弾してきた私だが、アメリカにもこんな悲劇があるのだと、まざまざと見せつけられた。

帰国して数ヶ月後、私はヘザーを、一緒にベトナムに行ってみないかと誘った。インタビューのあと空港まで送ってくれたヘザーに、軽い気持ちで「いつか一緒にベトナムへ行こうね」と言ったことが、実現することになるとは思わなかった。

会話の中で、彼女がベトナムへの興味を示したことも意外だった。というのも、私は、帰還兵やその家族の一部は未だにベトナムに対して複雑な思い、あるいは敵対心を抱いていると思っていたからだ。

ヘザーにベトナムでの取材を申し出た時、受け入れられるかどうか自信はなかった。そこは彼女の父親が戦ったところであり、彼女の人生に大きな影響を与えることになったところだ。

ヘザーとロイとホアン、ベトナムで

ベトナムへ行くことによって彼女の古傷をえぐるようなことになりはしないかと心配した。

後で聞いたところによると、ヘザーにもずいぶん迷いはあったようだ。アメリカでは、いまだにベトナム戦争の傷は人々の心に深く、最終的に決着がついていない。彼女がベトナムに行くと決心したことは、勇気あることだった。

10日間のベトナムの旅で、ヘザーの緊張が徐々にとけていくのが目に見えて分かった。

旅の最後に訪れたホーチミン市のツーズー病院で出会った枯葉剤被害者のホアンさんとの対話はとてもなごやかで、微笑ましく心打たれた。同じ枯葉剤の被害者だからこそ通じ合えるものを、2人の会話に見いだした。

枯れ葉剤の被害は、国境を越えて、時代を越えて、今も続いている。

3　ベトナム平和村の子供たち

2004年に枯葉剤の取材を始めてから、ベトナムを訪問するたびに訪れてきたツーズー病院の平和村。当時、フォン医師は子供たちの未来についてこう語っていた。

「大変でしょう。でもみんな明るい。まだ分からないんです。ときどきかわいそうでたまらなくなります。涙が出てきます。今は自分の将来を考えることもなく、楽しく暮らしています」

平和村には100人ほどの障害をもつ子供たちがいた。障害の程度は様々だが、それぞれに生き生きしている子が多かった。私もフォン医師と同じように、この子たちの将来を憂いていた。明るい将来があるとは思えなかったのだ。

2019年、平和村が閉鎖されると聞いて、子供たちの行く先が心配になり訪問した。経済発展に伴い、産婦人科の需要が増え、病院は増築工事が進んでいて、モダンになっていた。病院にとって、平和村を継続することは困難になってきたのだ。

平和村の子供たちは60人ほどに減っていた。施設を出て職に就いたり、学校に通ったり、自宅で暮らすようになった子供たちもいるが、今も平和村に暮らす子供たちの中には、見覚えのある顔もたくさん見える。まだ障害児が生まれているのだろうか、乳児もいる。

ここ20年近く、訪問するたびに会ってきたロイ君、ホアンさんの2人は平和村で子供時代を送ったが、今はそれぞれに自立した生活を送っている。今もここの子供たちに慕われ、時々遊びにくる。

グエン・ホン・ロイ

2004年、18歳だったグエン・ホン・ロイ。両親は枯葉剤が多く撒かれたタイニン省の出身で、ロイはこの病院で生まれた。両親は貧しく、家でロイの面倒を見きれなかったのでこの平和村に来た。

僕は1987年に生まれました。6歳のときからこの病院で過ごして、先生たちに育ててもらいました。僕の楽しみの一つは、平和村に帰るたびに小さい子供たちが「ロイ兄さん」と慕ってくれることです。今は自宅に住んでいますが、子供たちが「泊まっていって」とせがむんです。ここの小さい子供たちは自分の障害を意識していないので、無邪気で幸せです。でも学校に行ってからからかわれる頃から悩み始めます。

「外でいじめられるか？」とある子に聞いたら、「いじめられて悲しかったけれど、だんだん慣れた」と答えました。そのいじめっ子とは親友になったそうです。

私たちの体は他の人とは違うけれど、大切なのは正しいことと、そうでないことを知ること。

そうすれば分かり合えて幸せになれます。

2019年、ロイは33歳になった。自立してホーチミン市に暮らしている。数年前、ある出会いがあった。彼女のギアはデザイナー。いまは2人でアオザイなどを売るブティックを経営している。そこで話を聞いた。

ロイとギア

ロイ このドレスは僕の彼女がデザインしました。こちらは私が描きました。これも私が描いたんですよ。とても難しいし時間がかかります。

ギア 私たちはファッションショーで出会いました。彼はモデルで義足を履いていました。私はデザイナーですが、彼に大変興味を持ちました。ハンサムだし、ユーモアたっぷり。

ロイ 重要なことは良い仕事をすること。たくさん良い仕事をし、僕みたいな障害を持っている人を助けたい。

（壁にかかっている沢山のメダルを指しながら）メダルがいっぱいあるでしょう。水泳でもらったんだ。水泳は私にはとても大切です。健康にもいいし、子供たちに教えるのも楽しい。最初はとても大変でした。だって私には手が一つしかないから。5日間練習してようやく泳げるようになりました。泳げるようになって嬉しかったし、楽しかった。

将来に向かって2人の夢は膨らんでゆく。2020年10月、ロイとギアは結婚し、翌年、健康な子供が生まれた。

チャン・ティ・ホアン

平和村で子供時代を送った。最初に出会った時は、英語の勉強が好きとは言っていたが、英語で会話することはできなかった。その後、会うたびに英語が上達し、自由に意思疎通ができるようになり、ますます親近感が増した。33歳になった彼女に話を聞いた。

私がおなかの中にいるとき、母は畑で枯葉剤を浴びました。

生まれた私は両足と片手が欠損していました。弟も腹部の奇形で生まれましたが亡くなりました。その次に生まれた弟は健康でした。

ある日、父が言いました。君には大学に行っていい仕事についてほしい。父さんも母さんも先に死ぬ。妹や弟も結婚して家庭ができれば、君の面倒をみることはできない。だから自分で自分のことができるよう自立してほしい。

ショックでした。どうすればいいんだろうと思った。私は平和村に戻って勉強を続けることにしたのです。学校でも一生懸命勉強して、いい仕事につけるよう努力しました。

ホアンは努力の甲斐あって、ツーズー病院で職を得た。彼女は病院で事務の仕事をしている。

チャン・ティ・ホアン

子供の頃、どうして自分が他の子供と違うのかわかりませんでした。そして枯葉剤のことを聞き化学物質とは何かを知りました。

2007年にアメリカ人のマール・レトナーという人に出会いました。彼女は私に、アメリカに行って枯葉剤について話すように勧めました。

はじめてアメリカに行ったのは2008年です。1ヶ月の旅で10都市を回り、話をしました。私が自分について話した時、多くの人は枯葉剤のことを知らなかった。私の話を聞いて皆驚いたのです。

ホアンはある日、私たちを夕食に招待してくれた。病院の帰りに市場に寄って食事の材料を買う。一人暮らしをして、自立した生活を楽しんでいる。

アパートに帰ってまず義足を脱ぎ、夕食の準備を始める。

すぐに夕飯の支度をするわ。ここに越してきて5年になるの。一人暮らしの不便は別に。自立して暮らせているのが嬉しいの。

私を勇気付けるのは周りの人々からの愛情です。家族、病院、平和村、先生、友人、みんなに助けられてここまで来ました。その人たちを失望させたくない。だからよりよい人生にするためベストを尽くすのです。

障害を持ちながらも明るく生きているロイとホアン。私は彼らに勇気と希望をもらった。

4　戦争は終わったが……

1964年のトンキン湾事件でのアメリカの介入から始まった戦争は、1973年のパリ協定でアメリカが撤退し、1975年北ベトナム軍のサイゴン制圧後、翌年南北統一され、終結した。だがベトナムの厳しい時代はそれから何十年も続く。

戦争によって疲弊した国土、極度の貧困の中にあって、ベトナムは再建を目指した。戦後アメリカとベトナムは国交を断絶し、1995年までアメリカは経済制裁を科していた。アメリカはベトナム戦争の戦後処理に直面しようとせず、ベトナムは国内の様々な問題を抱え、枯葉剤問題が2国間で取り上げられるようになるのは2000年を過ぎてからだ。

その間、ベトナムでは科学者や医師が、枯葉剤がもたらした環境破壊や人体への影響を研究し、アメリカでは帰還兵たちが枯葉剤と健康問題の関連を問い始めていた。2国間の対話が始まったが、双方が歩み寄ることはなかった。アメリカの言い分は、ベトナム戦争に関する全ての請求権は解決済みであり、アメリカは枯葉剤がもたらした損害について責任を負わないというものだ。枯葉剤問題は両国間に棘のように存在してきた。

2004年、ベトナムの医師、科学者、退役軍人、枯葉剤被害者のグループは、被害者の会VAVAを設立し、枯葉剤を製造した化学企業を相手取り訴訟を起こした。しかし3回の提訴は全て棄却された。理由として、化学企業は政府の命令に従っただけ、枯葉剤はジュネーブ協定が規定する化学兵器ではない、枯葉剤と健康障害の因果関係は証明されない、などが挙げられた。最終的に2009年3月米最高裁判所で棄却されたことによって、米国での裁判への道は閉ざされた。

同年5月、アメリカでの裁判の結果を受けてパリで模擬裁判が開かれた。アメリカの化学企業の責任を問う市民法廷だ。

弁護士のウィリアム・ブルドンは、こう語った。

「この惨事を引き起こした者たちは責任を認めず、底知れない損害を賠償しようともしなかった。撒布から半世紀経った今も、枯葉剤はベトナムの家族、子どもたちを殺し、苦痛を与え、傷め続けている。しかし撒布をした責任者たちは、そのことに無関心なのだ」

聴衆の中に一人のフランス在住のベトナム女性がいた。チャン・トー・ニャーさん。元ベトコンのジャーナリストで、枯葉剤を浴びていた。

ニャーさんは戦後、ベトナムの孤児を子供のいない夫婦に養子縁組をする人道援助活動に関わり、ベトナムとフランスを行き来するようになった。人道活動家として知られるようになり、国際的信用を得た彼女は、様々な寄付を託されるようになった。

チャン・トー・ニャーの証言

２００８年にある寄贈者が「愛の家」と呼ばれる家を２００作るための資金を私に託しました。それで私は、エージェント・オレンジの被害者が多い村々を訪ねることに決めました。こうして私は彼らの悲惨な状況と苦悩を知ったのです。10日間の訪問でしたが、その間ずっと私は夜も眠れず、泣き続けました。涙を抑えることができませんでした。

その時、私の病気の症状と似たケースにも出会い、ひょっとしたら私自身もエージェント・オレンジの被害者なのだろうかと思い始めたのです。だから、２００９年にベトナムのエージェント・オレンジの被害者支援のための国際模擬裁判が行われると知った時、私も証言したいと申し出ました。血液検査の分析結果など証拠はなかったのですが。

その模擬裁判でニャーさんはこう発言した。

今日、私はこの模擬裁判で証言させて欲しいと申し出ました。なぜなら、もう話せない人々のために、みなさんに聞いてほしいのです。戦争中、そしてその後の35年の間に、この呪われた枯葉剤で殺された人々のために、今も苦しんでいる人々のために、私の記憶を語りたいのです。それがベトナムに不幸をもたらした者たちの、良心に届くことを期待します。

彼らは家族を引き裂きました。なぜこの犯罪の責任者たちは罰せられないのでしょうか？　なぜアメリカ法廷は何度も訴えを退けるのでしょうか？

チャン・トー・ニャー

2014年、ニャーさんは会議で出会った弁護士ブルドン氏と共に、枯葉剤を製造した化学企業を提訴した。

国際模擬裁判でアンドレ・ブニーさんや弁護士のウィリアム・ブルドンさんと知り合いました。2人は私に、ベトナム戦争中にエージェント・オレンジを製造したアメリカの企業に対して訴訟を起こす気はないかと聞きました。

私は最初、拒みました。私自身は自分の生活や、不幸な子どもたちへの活動で満足していたからです。

私は、他の人では起訴が難しい条件を備えていました。というのは、フランスには外国の企業から市民を擁護する法律があります。そして私はフランス国籍を持っています。化学企業を提訴するためにはその製品の被害者でなければなりませんが、私は被害者です。これらの条件を満たす人はほとんどいません。つまり私だけが、化学企業を訴えることができるのです。

この訴訟は枯葉剤被害者である不幸な人々の訴えです。訴訟は私が起こしましたが、彼ら全員の訴訟なんです。私はやることに決めました。

ブルドン弁護士はすぐ私に、「これは長い闘いになる、とてもつらくて容赦ないものになるでしょう」と言いました。「最後まで行く力があなたにはありますか？」と尋ねました。私は、「あなたの助けを得てやりましょう」と答えました。

こうして2009年に訴訟を起こすことに決めたのです。訴訟をすると決めたとき、それが長くてつらいものになるとわかっていましたが、こんなにも複雑でつらいものだとは知りませんでした。

ニャーさんが初めて枯葉剤を浴びたのは1966年、戦場レポーターとして取材中のことだった。

私の78年の人生でずっと、たやすいことは一つもありませんでした。私の家族は南ベトナムに住んでいましたが、母が拘留の危険を心配して、私を北のハノイに送りました。母はホーチミン大統領を信頼して、私を北ベトナムに送ったのです。

私は化学者になる勉強をしましたが、卒業証書を得た夜、リュックサックを背負い、ホーチミン・ルートに向かう若者養成のグループに加わりました。ベトコンに参加するためです。それは教員のグループでした。私は教員になる勉強は全然しなかったのですが。

ジャングルの解放運動に加わった時はもう、南ベトナムはアメリカ軍に占領されていて、教員の仕事はできなくなっていました。それで、通信社の仕事をするように送られたのです。私はジャーナリズムの勉強をしたわけでもなかったのですが、他の人たちに教えてもらって、ジャーナリストになったのです。こうして私は通信社のレポーターとなりました。

あるとき、他の同僚たちと一緒に「解放軍の英雄総会」に赴きました。その中には、ベトナムでとても有名なカメラマンもいました。当時私は23歳だったので、40くらいの彼がとても年配に感じられました。その旅の最中、私たちはすでに枯れ葉剤に汚染された沼地なども苦労して歩き、進んでいったのです。

その時はまだ、私は身体が強かったのですが、他の人たちは次々とマラリアにやられて弱っていきました。そのカメラマンもそうでした。そして総会からの帰り道、森の中でしたが、あまり樹木が密生していない場所で、私たちはアメリカの爆撃機に見つかってしまいました。そして爆撃を受けました。すでに病気で弱っていたそのカメラマン、私は彼を「トゥイおじさん」と呼んでいたのですが、彼は若い私たちのように走って逃げられませんでした。

爆撃が3度あり、爆撃機は去りました。そこで私はトゥイさんがいた方角に駆けつけました。彼は枯木の根元にしゃがみこんでいました。身体じゅうに爆弾による穴がありました。ボール爆弾（クラスター爆弾）です。その身体を前にして、私は思いました。命はこんなにもはかないものなのに、なぜ生きているとき、人間は悪いことをするのだろうかと。彼はまだ息をしていましたが、数分後に亡くなりました。

それは私にとって最初の教訓で、それによって私は変わりました。生とは本当にはかなく、死がとても簡単に訪れることを知ったからです。

私たちはジャーナリストの集団だったので、武器を持っていませんでした。その時数人が死亡しましたが、スコップさえ持っていませんでした。トゥイさんを埋葬するのに、折れた枝を使いました。穴を掘って、トゥイさんともう一人の死者を入れて、テントのビニールで彼らを覆いました。そして私も自分の手を使って、彼らを埋葬したのです。

でも、彼らは一夜のうちに動物に食べられてしまうだろうと、私は思いました。それは本当でした。2日後に軍が彼らの死体を回収しにそこに行きましたが、何も残っていなかったそうです。

その後私は他にも、多くの友人たちをこの手で葬りました。でもあのカメラマンの像が、私の頭に焼き付いています。

ベトナム戦争当時のチャン・トー・ニャー

私たちはジャングルの中を何度も往復し、枯葉剤に汚染された沼地を歩いたりしました。そこで気がつかずに枯葉剤の被害を受けていたのです。

その後最初の子どもを出産した時、心臓に4つの疾患がありました。難病の、ファロー4徴症と呼ばれる病気です。生まれた子どもがそんな病気で先が長くはないと知った若い母親が、どんなに苦しむか想像できると思います。彼女は17ヶ月で亡くなりました。私は罪悪感に苛まれ、自分のせいだとずっと思い続けました。

それから森林地帯の中で2人目の子を出産し、その子はすぐに人道援助団体に面倒を見てもらうように送り出しました。3人目の娘は刑務所で生まれました。私はその時捕らえられて刑務所にいたのです。刑務所から出られたのは1975年4月30日、解放の日でした。

その後は普通の生活に戻って、何が起きたのかもわからずに生き続けたわけですが、最初の子供の死は私の心の中に常にあって、とても苦しかったです。残った2人の娘はだんだん成長しましたが、2人とも先天的な疾患を持っていました。

2011年、私はドイツの検査所に血液を送りました。結果は血液中のダイオキシン含有量が、通常の人より多かったのです。被害を受けてから30年以上も経って、悪いのは自分ではなく枯葉剤のせいだとわかったのです。

その年の5月、裁判所は、ニャーさんの訴えは受理できないとの判決を下した。理由はフランスの裁判所には米国の軍事行動について裁く権限がないからという。ニャーさんは、記者会見で次のような感想を述べた。

訴訟には早く勝ちたいけれども、すぐに勝てなくてもこの闘いを続けていきます。そして私はもう一人ではないのです。もう長いこと、私は一人でなく大勢の人に支えられています。私が自分の中にこの信念と勇気を持てるのは、私は自分のために闘っているのではないからです。アメリカの企業は、「チャンさんが自分のために闘っていないなら訴訟は無駄だ」と言うでしょう。たしかに自分のためだったら、訴訟の意味はありません。時間と健康を犠牲にするのですから。でも私の後ろに、助けなくてはならない何百万もの被害者がいるのです。

今日の判決によって、私たちは大きく前進しました。これは私たちの勝利だと考えています。なぜなら6年間の訴訟はこの犯罪を過去から現在に出現させたからです。ベトナム人が受けた枯葉剤の悲劇、化学戦争の犯罪、環境破壊という犯罪をです。

パリ、トロカデロ広場で訴えるチャン・トー・ニャー

この訴訟は被害と悲劇を世界中に知らせることができました。私は大きな使命を果たせたと思っています。私たちは闘いを続けます。みなさん支援してください。私を投げ出さないでください。

私たちの主張は正しい。だから私たちは前進します。

グレッグ・デイビスの証言、再び

20代前半で枯葉剤を浴びたニャーさんは、その後の60年近くその傷を背負って生きてきた。

ニャーさんがジャングルで戦っていた頃、グレッグは南ベトナムの米軍基地を転々としていた。戦争のことは滅多に語らなかったので、詳しいことはわからないが、上官にたてついたためベトコンが出没する見張り塔に送られ、枯葉剤で枯れたジャングルの只中で恐ろしい思いをしたという話を聞いたことがある。

18歳で戦場に投げ込まれたグレッグは、戦争が終わってからもベトナムを洗い流すことはできなかった。心からも、体からも。

アメリカとベトナムの国交が断たれた中でも、数少ないアメリカ人のジャーナリストとして何度もベトナムを訪れた。まるで、そうすることによって傷を癒すかのように……。

ベトナムを離れたあと、二度とアメリカに住むことはなかった。そして米国の戦争犯罪を批判するようになった。

私は世の中で何が起こっているのか、それはなぜなのかを知りたいと思った。私はアジアを発見する旅に出た。それは複雑な旅だった。

私は写真家になる道を選んだ。写真を通じて、戦争の前と後を記録するその大切さを伝えたかった。戦争のアクションは誰にだって撮れる。本当に難しいのは、戦争に至るまでとその後の人々の生活を捉えることだ。

その中に、本当に意味のあることがあるんだ。

グレッグと私

今もグレッグの声が聞こえてくる。彼に導かれるように、私もベトナムを見てきた。

失われたものはあまりに大きく、取り返しようもないが、貧しい中でより良い明日を目指す人々がいた。そこで見えてきたものは、まだ癒えない戦争の傷跡。

グレッグはいつも前向きであることを私に教えた。絶望的な状況でも、絶望しない力が私たちにはあるのだ。

「よりよく知ることによって、世界を変えることができる」

私は、彼のその言葉を信じている。

Ⅱ部

対談：映画「失われた時の中で」を観て

1

枯葉剤被害を追って半世紀

中村梧郎

なかむら・ごろう　フォトジャーナリスト。1940年生まれ。1970年ベトナム戦争を取材。戦後は枯葉剤問題を追及。著書に『母は枯葉剤を浴びた』（新潮社、新版・岩波現代文庫）、『戦場の枯葉剤』（写真集、岩波書店）、『メソポタミアの朝』（JPS）、『記者狙撃』（花伝社）。

写真家の中村梧郎さんは、1960年代からベトナム戦争、そして70年代から枯葉剤の問題を追い続けている。私の大先輩で、2008年の第一作目から、いろんな助言をいただいている。枯葉剤のみならず、私たちの現在の生活にも大きな影響を及ぼしている除草剤、化学薬品の数々、PFAS問題などへの追及の手を緩めず、警鐘を鳴らし続ける。

グレッグとの出会い

中村　1983年に、今はなくなっちゃいましたけど、銀座にニコンサロンがありまして、ニコンのギャラリーで初めて、枯葉剤問題を日本に提示するっていうつもりで写真展をやったんですね。一週間くらいしか会期がないのに、4、5千人が見に来るというすごい反響を呼びました。

その中にアメリカ人が1人……いや、何人もいましたけれども、ハンサムな若い青年がいて、一生懸命、40点くらいの写真を何回も見て回るんですね。話しかけてきて、「グレッグ・デイビスっていいます」と。もっと話を聞きたいからっていうことで、後日、有楽町の外国人記者クラブで会いました。そしたら、「いや、ベトナムを転戦してたけども、あの、ベトナムで起きたことって本当のことか?」って言うんですよね。「嘘のことなんか、私は発表するはずはない。本当に起きているんだ」ということを言ったら、しばらく黙りこくってしまいました。

まあ、彼らは、後で分かったんですけど、あちこちを転戦していて、枯葉剤を撒かれた場所、ロンタンとかいろんなところに行っているわけですね。それで、自分もじゃあ、やられてるんだと、多分私の写真を通じて痛感したんだと思うんですね。

坂田さんのご主人だと知ったのは、ずっと後のことなんですけれども、その時は知らない。真面目な青年がいるんだなというふうに見ていた。

坂田　私が中村さんにその話を伺ったのは、2008年、「花はどこへいった」という第一作目を公開して、その後、岩波の『世界』という雑誌で対談したんですね。その時に、私の夫が中村さんと話をしていたということを初めて知りました。

実は私、その頃、『写楽』というグラフ誌の仕事をちょっとだけしていまして、そこで中村さんの写真を紹介したんですよ。それで家に帰って、「こういう人がこういう写真を撮っているんだけど知っている?」って言ったら、「いや、ああ、知っているよ」。それだけで終わりで、それ以上のことは何にも言わなかったんですね。だから、なんで中村さんに会って、いろいろ話を聞いて自分では心配しているのに、私には何も言わなかったんだろうっていうことを、それからずっと考えていますね。あまりに身近なことなので、恐れをなして考えたくなかったんじゃないかなって、今になると思います。

中村　私は第三者だから、私にはいろいろ言うことができたんだろうと思います。坂田さんに対しては、愛する人には言えないということがあったんじゃないでしょうか。

戦争は終わらない

坂田　そういう意味で、中村さんの枯葉剤のお話っていうのは、私にとっても非常に身に迫るものがあります。私の枯葉剤のシリーズ3作を観てくださっていますが、今回の映画をどう観られましたか?

中村　やっぱり、枯葉剤問題が今でも終わっていないということ、それはベトナム戦争が終わっていない、世界中の問題にもなっていること。ベトナムの悲惨さが伝わるだけじゃなくて、国際的にも問題になっているということがよくわかる映画でしたね。

坂田　私は第一作目で、アメリカのベトナム帰還兵のスエル・ジョーンズさんにインタビューした時、「一度始めた戦争は絶対に終わらない。だから戦争は始めちゃいけないんだ」と言われました。もう14年前の話なんですけれども、その言葉がいまだに響いています。

中村　ええ、そうですね。一度始めるとなかなか終わらないんですが……。しかしまあ、ベトナムはよく耐えてですね、フランス軍に支配されていた19世紀から戦い続けて、フランス軍と日本軍とアメリカ軍と戦って、ようやく1975年に解放されるまで100年近く戦い続けたんですね。数百万人の犠牲者が出ても抵抗し続けて勝ったということが、今のベトナムの繁栄をもたらしたという感じはしますね。

坂田　私はこの14年間で何度かベトナムに行って、そのたびに、なぜベトナムはあの大国アメリカに勝つことができたんだろうと思うんですけど、なぜですか?

中村　いや、もうそれは一つの謎と言ってもいいんですけれども、要するに、国民総動員のような形で、みんなが嫌々戦っていたかっていうとそうじゃないですね。アメリカの奴隷になるのだけは嫌だと、みんなが納得して戦って、犠牲を厭わないという決意でやったものですから、士気がアメリカ軍と全然違うんですね。武器の違いはありましたけれども、士気は全然違っていたということから、ベトナムの強さが発揮できたっていう感じはしますね。

坂田　対するアメリカが負けた大きな理由の一つは、アメリカ兵が、もう戦う気力を失くしていた。私の亡くなった夫もそうだったんですけど、ベトナムにいる頃からもう、この戦争はおかしいと、内部で反乱をしていた。麻薬とかも、みんないろいろやっていたそうです。ベトナムの人たちに、「どうして勝ったんですか?」と聞くと、「それは、私たちは自分たちの国のために勝たなきゃならないという信念があったから」って言いますよね。

中村　侵略する側というのは、一人ひとりの兵隊からすれば何のために戦っているのかがよく分からなくなるということがあるんですね。だけど、やられる側は、一人ひとりがもう絶対に許せないっていう気持ちになるわけです。その違いが、ベトナム戦争ではくっきりと現れたんだろうと思いますね。

報道写真家としてベトナムへ

坂田　それはウクライナにも通じるところですけど、ウクライナのことについては、また後ほど触れさせていただきます。あの、中村さんは、いつからカメラマンの道を?

中村　1960年代にある通信社に入ったんですけども、私はカメラを持っていないし、キャリアもないし、正直にそう言いましたら、「カメラなんか会社にいくらでもあるから、それ使えよ」と。で、暗室係をやらされて、何年か経ってから取材に出るようになりました。

そうしたら、写真表現というのが、非常に幅広くて奥深いメディアなんだということが分かって、ハマっちゃったんですね。で、その後、通信社が潰れちゃったもんですから、私はフリーランスになったいう経過があります。

坂田 じゃあ、もともとジャーナリスト、報道関係には興味がおありになった?

中村 まあ、興味はあったんですけど、まさかそんな世界に入れるとは思ってもみなくてですね、期待もしていなくて、たまたま入っちゃったという感じです。

坂田 それがもう50年?

中村 そうです、そうです。ええ。

坂田 それで、ベトナムにいらしたきっかけっていうのは?

中村 ベトナムにはですね、いったん会社が潰れて、次の会社との契約があって、「特派員として現地へ行ってくれ」と。それが1970年でしたけれども、ベトナムの通信社との契約があったので、北爆下のハノイに入ったんです。

坂田 その頃、北ってなかなか入れなかったんじゃないんですか?

中村 そうなんです。日本の支局はなかったんですけども、ベトナム通信、VNAというのがありまして、そことの契約があったものですから、その関係で入れました。

それで、現地に行ってみましたら、アメリカ軍は無差別爆撃を平然とやっているんですね。つまり、軍事施設を狙うんだぞっていうのは侵略する側がいつも言うんですけど、それは大嘘なんです。大抵は、住宅地区、住民がびっしり住んでいるところをやるんです。ハノイで言うと、カムティエン通りという、日本で言う銀座通りみたいなところがあったんですけど、その裏が全部住宅地なんですが、そこを絨毯爆撃するんですね。だから皆殺しなんです。それで、男はだいたい軍に行っていますから、女性と子供しかいないんです。それを皆殺しにしていくっていうのがアメリカのやり方でしたね。

坂田　北では何人ぐらいが、そういう爆撃の犠牲になったんですか？

中村　これも概算でしかベトナムも発表していないんですけど、一説では兵隊と民兵と住民を合わせて300万人は死んでいる、殺されているだろうと言われています。

坂田　実際の爆撃を経験なさった？

中村　飛行機が来ると音速で、例えばA6イントルーダーなんてのは、第7艦隊から飛んで来るんですよね。音速ですから飛行機が飛んで来るのが聞こえないんです。通り過ぎてから、ダーンと音が聞こえてくる。だから、火の見櫓に登って見ている人たちが、「来るぞー」って大騒ぎするんです。そうすると、道路の脇に掘ってある穴の中、蛸壺っていうんですけど、そこにボーンと飛び込んで蓋を閉めるんですね。そうすると、直撃でない限りは助かるんです。近くに落ちても助かる。そういう防空壕が道の至る所にありましたね。そういう時でした。

坂田　私たちは北爆の写真や映像って、あんまり見てないんですよね。だいたいがアメリカのものしか見てないから。だから、その北爆があるっていうことは知っていたけど、犠牲者の映像とかっていうのはほとんど見なかった。日本のジャーナリストは、たくさんいましたか？

中村　いやいや、まだ少ないです。日本電波ニュースと赤旗の支局とかその程度で、あとは臨時に来る。まあ、私も臨時でしたけれども。そういう人たちがチョロチョロといるというぐらいで。

ただですね、困ったのは「ここで撮影しないでください」とか制止が入るんです。どういうことかというと、アメリカ軍は空から人工衛星で全部撮っていると。横からあなたが撮ると、ここに立っているアンテナの高さが全部分かっちゃうと。空から見た時はアンテナだと分からない、点でしかない。それが全部アンテナだと分かっちゃう。そうすると軍事施設が、連絡網がやられちゃうと。だから、ここではカメラは水平に向けないで、地面に向けて撮ってくださいと。これじゃ何にも仕事できないですよね。まあ、そんな厳しい中での撮影でしたね。

枯葉剤を知る

坂田　中村さんが枯葉剤について知ったのはいつ頃ですか?

中村　1974年です。75年に戦争が終わりますけど、74年に南北境界に入ったんですね。そうしたら全部が枯れ果てていて、これが枯葉剤でやられたんだっていうのを聞いて、うわーって思ったんですが、一番ショックを受けたのが、その翌々年、76年にカマウ岬まで行ったんです。カマウ岬というのはベトナムの最南端なんですけれども、行ってみたらジャングルが全部枯れているんです、マングローブのジャングルが。で、そういう森が枯れましたっていう写真

はですね、戦争中にはほとんど誰もテーマにしなかったんですね。生々しい光景でもないし。ですから戦争写真から除外されていた世界がそこにあると。

坂田　人が殺されたり、死体が転がっていたりではないから。

中村　ええ。初めてそれを見てびっくりして撮影したんですね。

坂田　あの有名な中村さんの写真、枯葉剤の中に少年が一人立っている画がありますよね。あれが、ホーチミンの戦勝博物館の壁画になって永久に残ることになりましたね。

中村　あの写真は、最初は畳の大きさのプリントを送ったんですけども、太陽や雨にあたって、乳剤が全部剥げてすぐにダメになっちゃったんですよね。それで、どうしようということになって、60センチ角のタイルに分割して焼き付けて壁画にしました。

坂田　それは大切なことですよね。ベトナムには、ホーチミン市に戦勝博物館というのがあって、ハノイにもウォー・ミュージアムというのがありますが、記憶を残すということはすごく大事ですよね。つい最近、私はベトナム大使館の軍のアタッシェの人と話をしたんですけどね、アメリカについて、今皆さんどう思っているんですかって訊いたら、「私たちは、アメリカが大好きです」って。"forgive, but not forget"っていうのがモットーなんですって。過去のことは洗い流して、過去のことにこだわらないと。これからは前向きに進んで行こうっていう態度らしいですね。

中村　ああ、そうなんですね。さっきもチラっと言いましたけれども、ベトナムは、19世紀にはナポレオン三世があそこまで来て戦闘指揮をやったりするぐらいの時代から独立戦争をやっているんですよね。フランスと戦い、日本軍がその後占領して日本軍とも戦い、その後はアメリカと戦い、ということをやってきて。過去の敵に全部恨みを果たすんだとなったら、世界中で付き合うところがなくなっちゃうくらい大変なんだと。だからもう、過去は過去でいいから、今後何をしてくれるかで評価を決めていくみたいなことを言っていましたね。

坂田　プラグマティックというか……。

中村　まあ、徹底的にやられた分、融通が利くんでしょうかね。

坂田　それとベトナム戦争の最中にね、よく「ベトナム人は竹のようにしなやかだけど、折れない」っていう言い方しませんでした？

中村　その通りですね。ちょっとやそっとでは降参しないっていう構えでやってきたんですね。

坂田　ところで、カマウ岬で出会ったその男性、あの写真に出ている人ですけれども、彼はもう亡くなったんですよね？

中村　ええ、数年前に亡くなりました。成長するにつれて体が麻痺し始めて、最終的には腎臓の腎盂炎と癌が併発したんだろうと思うんですけれども、すぐ死んでしまいましたね。

坂田　テレビのドキュメンタリーで拝見しましたが、すごく壮絶な病との戦いでしたよね。カマウでは、彼らだけじゃなくて、周りにもたくさんの被害者をご覧になったんですか？

中村　そうなんです。カマウ岬でジャングルが枯れている光景を撮ると同時に、地元の人たちにいろいろ話を聞いて回りましたら、助産婦さんが、今大変なんだと。生まれてくる子供たちが、片っ端から障害を持っていると言うんです。生まれてこられない流産も多いけれども、障害を持っているのがあまりにひどいということを聞いてびっくりして、現地での撮影を始めました。それから南ベトナム全体を撮影しようと、その時に決めたのです。

坂田　それで、ベトちゃん・ドクちゃんとお会いになって、日本に2人を紹介されました。枯葉剤の問題を日本人がなんで知っているかというと、やっぱり、ベトちゃん・ドクちゃんを通じてなんですね。それを日本に伝えるきっかけになったのも、中村さんでした。

中村　そうですね。最初に出会ったのは1981年、ハノイの病院でした。2人はまだ生後10ヶ月でした。お腹でつながっていて、これは大変だと驚きました。そしてその後、毎年のように会ってきましたけども、どんどん元気に成長するんですよね。1988年に分離手術が行われて、2人が別々になって、2006年にドクが結婚をして、2人の子供に恵まれます。その翌年の2007年には、ベトが他界するわけですね。ベトは全身麻痺のまま喋ることもできずにずっと生きて、26歳で亡くなりました。

枯葉剤被害者のその後

坂田　その後もずっとベトナムに通い続けていらっしゃるわけですけど、その後の被害者の様子っていうのはどうなんでしょう？　裁判があって、それでも救済されずに……。

中村　ベトナム側の発表だと、米・コロンビア大学の調査に基づいて、枯葉剤を浴びた国民は480万人に上ると。まあ、これはどんぶり勘定ですけどね。その人たちは、その後癌になったり、いろいろ病気で亡くなっているわけですけども、そういうきちんとした統計は、まだないんですね。

アメリカも、帰還兵が病気になると、最初はどこで浴びたか証明しなくてはならなかったんですが、そのうちにアメリカ政府はそれを言わなくなったんです。ともかくいったんベトナムに行って帰って来た兵隊は、全部被災者、枯葉剤を浴びたと見なすという形で、帰還兵が特定の癌になれば、すぐ補償金を出すという形になりました。全員が被害者という見立てをしているんですよね。

ベトナムでも、誰がどこで浴びたということは抜きにして、南で特に、あるいは北で帰った人たちも含めて、癌などいろいろな病気が発症した場合には、枯葉剤との関連を考慮せざるを得ないということになっていますね。ただそれには膨大な経費がかかるんですよ、社会福祉予算が。それがまだできていなくて、枯葉剤を浴びた人たちは、今でもひどい貧困の中にいますね。

坂田 中村さんが調べてくださったユニセフの調査によると、ベトナムでは、人口の7%、約670万人の障害者がいる。これは、2019年のわりと新しい統計なんですが、びっくりしますよね。

中村 ベトナム政府の調査だと国際的に信用されないっていうこともあって、ユニセフが第三者として調査団を組織して2年間かけて調査した結果、670万人が障害者だと発表しているんです。ですから、枯葉剤を浴びた人数よりも多いぐらいです。

そういう障害者を持った家族は、母親が面倒を見ざるを得ない。地域に福祉施設があるわけじゃないから、母親が面倒を見る。ベトナムは共稼ぎ家庭が多いんです。片方が稼げなくなると、お父さんの収入だけで細々と生きて行かなきゃいけないので、どこの家に行っても、みんな貧しい。今は政府が月7千円ぐらいお金を出すようになりましたけど、足りないですね。

坂田 やっぱり貧富の差っていうのはね、もうハノイとかホーチミン・シティは高層ビルがどんどん建って、豊かなところはすごく豊かなんですけれども、貧しい人にはどんどんしわ寄せがくるんですね。不公平っていうのは、どんどん加速して広がっていく感じがしますね。

中村　本当にけしからんぐらい貧富の差がありますね。我々は気付かないまま過ごしていますが、例えば、2021年に開催した日本のオリンピックに、実は、ダウ・ケミカルがダーっと金を出しているんです。

ベトナムの人たちが、アメリカの連邦地裁に、「救済しろ」と、「アメリカ兵と同じレベルでいいから救済しろ」と言ったら、裁判所は却下したわけですね。その時に、「却下しろ、却下しろ」と言って動いたのが、モンサントとダウ・ケミカルです。連邦最高裁にまで行って、ロビー活動しました。それでベトナムの要求は絶たれて、ベトナムへは何の補償もなく自力で頑張らなきゃいけないっていう形になった。

ところが、ダウ・ケミカルはオリンピックにバンっと金を出す。ロゴを使い、パラリンピックで、我々は世界中の障害者を助けてるんだっていう宣伝にも使うわけですよね。それを許してきた。東京オリンピックにもその金が来ているんです。ロンドンオリンピックから東京オリンピックまでの金を、ダウが一定程度負担したわけですね。それに対し、汚い使い方をするんじゃないということでベトナムは激怒したんです。枯葉剤で儲けた金をオリンピックに渡して、いかにも障害者を助けているみたいなことを言うのは許せないと、ベトナムのスポーツ大臣が国際オリンピック委員会に毅然と抗議をしています。

でも、それは無視されたんですね。日本でもそういう問題をメディアが報じればいいんですけれども、私が時事通信のニュースに書いたぐらいで、どこも取り上げなかった。

枯葉剤の問題は私たちの生活と無関係ではない

坂田　でも中村さんが頑張ってくださっているから、伝わるところには伝わっている。
それとね、枯葉剤の問題って、ベトナムという遠い国で起きた、遠い昔の問題じゃなくて、私たちの身近に迫っている問題でもあるっていうことを、いろいろ発信してらっしゃいますね。

中村　そうですね。一つは今年（２０２２年）の1月21日にＮＨＫがドキュメンタリーを出しましたが、日本の国有林に枯葉剤が埋まっているんです、今でも。日本全国54ヶ所の国有林です。なぜかと言いますと、ベトナム戦争中に、アメリカが全部枯葉剤を使い果たして足りなくなって、日本の三井東圧化学と、ドイツのベーリンガーとかいろんなところに発注するんです。それで三井東圧化学は、2，4，5–T枯葉剤、ダイオキシンがいっぱい入っている枯葉剤を量産するんですね。ですが、アメリカがベトナム戦争で使っていた薬剤の中にダイオキシンがあるということで、60年代末にそれがバレて、71年には枯葉作戦を中止するんです。これは、ベトナム人がやられるからかわいそうだっていうんじゃなくて、これ以上撒くとアメリカ兵がやられるから我々は人道的に中止するんだとニクソンは言ったんですね。中止すると同時に、アメリカ国内での使用も禁止した。

それで、日本も慌てて日本国内での使用を禁止にしたのですが、林野庁はどう指示したかというと、下草払いに使っていた除草剤は、全部林の中に埋めろという指導をしたんですね。コンクリートで固めて埋めろという指導をしますけど、でも実際に現場を取材すると、「そんな面倒くさいことはやってないよ」「ビニール袋に入れて埋めたよ」とかいう形なんです。

ですから、いまだに漏れ出ているんです。上水源にあたるような国有林の中にそういうものがあって、漏れ出ている。これは全国的な問題ですが、NHKの番組は、残念ながら九州と沖縄だけで放映されて、日本全国では放映されてないんですね。だから、ぜひこれは日本全国版にしてほしいなと思っていますし、さらに追加取材をしていただきたい。

一昨日のニュースで、福岡のRKB毎日放送が特集を組んでいました。久留米で三井化学の工場跡地からダイオキシンが出て埋めたのですが、そこから地下水に流れて、井戸水を汲み上げてみるとダイオキシンに汚染されていることが分かった、と。そういうふうに、いつどこで我々の周辺に汚染が流出するか分かりませんから、他人事ではない。

坂田　そういうことがあるにもかかわらず、いまスーパーに行くと、除草剤という名前でいろんなものが売られていますよね。

中村　そうなんです。枯葉剤を製造したモンサントが「ラウンドアップ」を作っているんです。ラウンドアップはいま、日本のスーパーで山積みです。一番安い除草剤として売られています。ヨーロッパでは、あれはグリホサート製剤だっていうことで、発癌性があるから、ヨーロッパでは売れないんですね。買わないんです。ところが日本は門戸を開いちゃった。だから数年前から、ラウンドアップがバーっと来ています。フランスのカーン大学の実験では、ラットに癌が多く発生するということが証明されていますけれども、そういうものが日本で平然と売られていて、田んぼにも使われ、畑にも使われということがやられていますね。まあ、安倍さんのお友達、経団連の会長が日本での販売権を持っているということがあるわけですけれども、身近にそういう問題が起きていると。

もう一つ身近なのは、沖縄の枯葉剤ですね。沖縄の嘉手納基地のサッカー場になっていた返還跡地で、そこを掘ってみたらドラム缶が出てきた。私はちょうど那覇で写真展をやっていたものですから、「ドラム缶?」と気になって現地に見に行ったんです。そうしたら、ドラム缶にダウ・ケミカルと書いてある。これも枯葉剤だっていうことで、市長さんにも調べるべきだって言って調べてみたら、枯葉剤と特有のダイオキシンがあるんですけれども、それが見つかって枯葉剤のドラム缶だっていうことが分かったんです。それを全部掘り返して処分したっていうことになっていますけど、どう処分したんだ? と。業者に渡したに違いないんです。業者に渡したら、沖縄ではダイオキシンを無害化する技術を持っていませんから、どこかに埋めたんじゃないか。今、埋め立てが問題になっている場所に埋めたんじゃないかなんて、私は疑ってますけれども。

そういう、知らない間に知らないところで汚染源が広がることがありうるんだっていうことを感じましたね。

戦争によって太った化学企業

中村　枯葉作戦に使われた、2，4，5-Tの中にダイオキシンが入っていたわけですけれども、要するに、モンサントやダウ・ケミカルというのは、第一次大戦、第二次大戦、ベトナム戦争と、戦争のたびに何倍もの力、利益を蓄えて巨大化してきているんです。

坂田　第一次世界大戦からですか？　何を作って儲かったのですか？

中村　戦争というのは、必ず大量の火薬を作りますね。特に砲弾や爆弾の火薬というのはTNT火薬で、トリニトロトルエンを化合して作るわけです。まあ、ちょっとした混ぜ方に過ぎないんですけど。軍事、爆発や発火に必要なものは、みんな化学企業に発注するわけです。それでまず太るわけですね。

モンサントは最初、サッカリンを作っていた会社なんです。サッカリンを作っていた会社を子会社にして、自分たちの利益にしたんですね。サッカリンも、人体被害があるかないかというのがさんざん問題になりました。今は、まだよく分からないままですが、動物には異常は出るんだけど、人間に出た証明がないということで使われているんですね。日本では、味の素なんかが一生懸命に作っていますけども。お砂糖を使っていないので太らないというダイエットコーク、あれはサッカリンとアスパルテームなんですね。アスパルテームは85年にモンサントが製造企業を傘下に収めています。その危険性も話題になり続けてはいるんですけど、まあ一応認可されているものですから、我々の身近なところにいっぱいある。

坂田 そうなんですよね。ダウ・ケミカルも、最初は臭素を作っていたんですね。

中村 ダウ・ケミカルもそうですが、農薬工業っていうのは、装置をちょっと切り替えると、化学兵器や毒薬や火薬に切り替えることができるんですね。製造がすぐ可能になる。そういうもので儲けている。

坂田 最初は、害のないものから始めるんですね。ミシガン州にダウ・ケミカルのお膝元のミッドランドっていう街があって、そこにダウ・ケミカルの博物館があります。取材に行ったことがあるんですが、もともとはサランラップだとか、台所用品だとか日常のものを作っていたのが、どんどんエスカレートして軍需品まで作るようになった。ダウはナパーム弾も作ったしね。

私は、できるだけサランラップなんか使わないようにしているんですけれども、なかなか全然使わないってわけにもいかない。化学製品はいろいろな形で私たちの日常生活に入り込んでいますよね。

中村 サランラップやその他のプラスチック製品は、ダウ・ケミカルが得意とするところなんですけど、サランラップも塩化ビニール製品ですから、塩素が絡むんですね。だから、サランラップを燃やしただけでも、ダイオキシンがいっぱい出てくる。そういう、身近なところで使って生ゴミなんかを包んで、そのまま自治体の焼却炉へ持って行くという構造が日本では定着していますけども、本当は問題がまだまだあるんです。

坂田 そうですよね。そのミッドランドのダウ・ケミカルの話ですけれども、工場のすぐ脇にティタバワシー川というのがあって、昔から枯葉剤を作って出る廃液を流していたんですね。それがいまだに、下流の住民に害を及ぼしている。ダウ・ケミカルのお偉い人たちは、川上に住んでいるんですよ。だから何ともないんですけど、川下の人たちはいまだに病気になったり、なかなか大変みたいです。

中村 そうなんですよね。川に流して知らん顔するということだけでなくて、犯罪的なのは……一昨日が長崎の原爆の日でしたけれども、あそこは、プルトニウム爆弾が落とされたんですよね。広島はウラン爆弾。で、ウランの威力をチェックする。だけどもう一つ、プルトニウム爆弾を持っているじゃないか。それはどうか試してみようじゃないかというのがアメリカの軍部の考えで、広島の次は長崎。うまくいったって彼らは喜んだはずなんです。ダウ・ケミカルもモンサントも両方ともマンハッタン計画に参加している。そしてプルトニウムを純化する工程に加担しているわけです。悪いことをいっぱいやっているんですよね。

DDTという殺虫剤がありますね。今、使われなくなりましたけれど、私は中国からの引き揚げ者の家族の子供なものですからあの、引き揚げ船で佐世保へ着いた時に、首筋を掴まれて、

ＤＤＴの粉をビューっと、髪の毛にも体にも全部噴霧されてですね、「ああ、こういうものか」と思いながらむせかえったりしていたんです。引き揚げた時は小学学齢直前で、長野県の小学校に入ってから、今度は担任の先生が噴霧器を持って来てＤＤＴを撒くんですね。「虱がいるぞ」とか言って、全員に撒かれていた。それを作っていたのは、あのモンサント……。

坂田　モンサント製だったんですか？

中村　大儲けですよ。つまり、軍部にとっては絶対に必要なものだったんです。硫黄島やいろいろな暑いところへ行って、そうすると虱がわいたりする。南京虫も出る。それをまず殺さないと兵隊がやられちゃうということで、バンバン量産させて使ったんですね。で、戦争が終わった後は、今度は軍人の需要がないから、全部一般国民に使っちゃえっていうことで、日本人に片っ端から、全国民に噴霧したんです。一定のお年を召した方はご記憶がある。

坂田　私も覚えていますよ、長野県の出身なんですけど。大掃除の時、畳の裏にね、どんどん母がやっていたのを覚えていますよ。

中村　あのＤＤＴに発がん性があるということで、その後、使用禁止になりました。それを暴露したのがレイチェル・カーソン。レイチェル・カーソンは、ダウ・ケミカルやモンサントからずいぶんいじめられたらしいんですけど。それが暴露されて、ＦＤＡ、ＥＰＡが禁止にするまで20年間、バンバン使って大儲けした。それで、その反省はないんです。そういう必要はない、全て合法的であったという言い訳で。だから、プルトニウムを使うことも、ＤＤＴを使うことも、一切反省しない。

もう一つ大きな問題は化学物質のＰＣＢ。これもモンサントですが、ＰＣＢの発がん性ははっきりしているんです。ＰＣＢの中にはダイベンゾフラン、ジベンゾフランとも言いますけど、ダイオキシンの一種が入っている。それが絶縁油としても使われるし、町や村の電柱の上にトランスという大きな箱が置いてあったじゃないですか、その後取り替えられたりしましたが、あのトランスの中身は、全部ＰＣＢだったんですね。トランスが火事だと、よく新聞の三面記事になったりしていたんですが、あの火事の時には、ダイオキシンが山ほど出ていたはずなんです。ＰＣＢを加熱すると、ダイオキシンに転換していきますから。ＰＣＢそのものが、ポリ・クロロ・ビフェニルで、有機塩素化合物なんですね。それを加熱するとダイオキシンができちゃう。でも、そんなことも知らされない。

日本人の人体汚染でダイオキシン被害が出た例がカネミ油症事件ですね。カネミの米ぬか油を使って天ぷらなどを食べた人々に障害が出た。１９６８年でしたが皮膚炎や癌、歯の発生異常や神経障害など次世代にも影響が出ている。でも未だに全面的な救済は行われていません。

それから小さいことで言うと、その周辺にもありますけども、蛍光灯に小さいトランスが入っているんです。その中もＰＣＢでいっぱいだった時期があります。この20年以内ぐらいで、ずいぶん古い蛍光灯は危険だと、発火した場合にダイオキシンがバーッと降り注ぐということで、学校や公共施設から古い蛍光灯は全部外されて、ＰＣＢを使わないトランスのものに取り替えが進んだはずです。けれどそれまでは、我々は知らずにそういう小中学校でお勉強してきたわけです。倉庫なんかにはまだ、昔のままの蛍光灯がパカッパカッとつきが悪い状態のまま使われていますが、そういうところは、ちょっと怪しいなと思われますね。

坂田　戦争のたびにいろいろな技術が発展して、いろんなものが発明される。戦争が終わるとそれが日常生活に入ってくるわけですよね。原爆が原発になり、化学薬品が農薬になり。だから、そういうことにいつも目を見張っていないと。なかなか見張りきれないですけどね。

中村　最初に原子力発電が使われたのは、原子力潜水艦なんですね。これだと永久連続運転が可能だということで。その発電装置を大きくすれば、街中で原子力発電所として使えるじゃないかというかたちで、アイゼンハワーなんかが奨励をして、原子力の平和利用のキャンペーンをやったわけね。日本もそれに乗っかった。CIA要員だと言われる中曽根さんなんかがいてですね、儲かったんですね。だから決してあれは安全なものではない。安全が保証されたものではないのに、巨大な原子力発電所が日本には山ほど造られた。3・11の福島の事故でこりごりしたかと思ったら、今は全部再稼働しようとしているんですよね、とんでもない話です。

科学に無知というか、それよりも利益が当面あるんだったらやろうじゃないかという利権絡みの発想で政治家が動くものですから、科学がおろそかにされるんですね。

除草剤やＰＦＡＳによって脅かされる日常生活

中村　それから気をつけなければいけないのは、先ほども話に出たラウンドアップ。この除草剤を遺伝子組み換え作物（ＧＭＯ）、例えば遺伝子組み換えトウモロコシなんかと組んで、収穫する時にダーッと撒くわけです。そうすると周辺の雑草が全部枯れて、ＧＭＯの作物であるトウモロコシだけは生き残る。それで収穫は非常に楽になると言って売り込みます。だから、遺伝子組み換えの種を売ることと、ラウンドアップを撒くというのをセットで売っているんです。世界中の農業がこれで変えられてしまうというふうに言われており、毎年毎年、モンサントからこの種を買わないといけないという仕組みになっています。もっともモンサント社は２０１８年に独バイエル社に吸収されています。でも製品名などのブランドは大切だということでラウンドアップは今でも売られていますね。

このラウンドアップは、他の国では禁止しているところがあるんですけど、安倍さんの時代に、日本では売っていいとなった。今、スーパーの店頭にいっぱい積み上げてあります。これを無闇に使うと危険です。パリのカーン大学のセラリーニ教授が実験したマウスは、みんな肝臓癌になるんですね。アメリカのドウェイン・ジョンソンさんという方は血液癌になって、原因はモンサントの薬剤だということが証明されて勝訴し、３２０億円の賠償金の支払いを受けました。これを知ったアメリカの農民が次々と訴訟を起こして、全部勝訴したんです。総額1兆円を超えるというふうに言われています。さらに、モンサントを買収したドイツのバイエル社がその補償も引き受けた。モンサントのGMOとラウンドアップをワンセットで売る商売は非常に儲かりそうだということで、7兆円くらいで買収しました。

それから、日本の東京都民も非常にひどい目に遭っている。泡消化剤、PFAS。横田基地から、あるいは沖縄の米軍基地まで、どんどん流れてくる泡消火剤ですね。飛行機が燃えた時など、バーッと泡消火剤で埋まってしまうぐらいの散布をするわけですけど、それが流れてくる。だけど、それを知っていながら、日本政府も国民には知らせなかった。東京都の37ヶ所で、国の指針値を上回っています。この汚染問題は放置されたまま、まだ解決していません。アメリカ国内では法律に基づいて、PFAS汚染の可能性のある場所では調査を行って対応していくようになっています。汚染源を突き止めて処置しているんですね。日本は何もやらない。アメリカにご苦労をかけるようなことは日本政府はやりませんという姿勢、日本人は被害をそのまま受認しましょうと。どこを向いて政治をやっているんだという感じがしますね。

まあ、そういうかたちで、PFASもそうですし、ダイオキシン汚染もそうですし、PCB汚染もそうなんですけれども、枯葉剤の問題と相似形ですね。中でも一番、典型的なひどい目に遭っているのは、枯葉剤被害を受けたベトナムの人々です。

坂田　中村さんはこれからも枯葉剤の問題を追及していかれると思いますが、その一環として、

「オレンジ・マラソン」というのをホーチミン市で開催し、支援の募金を集めていらっしゃるんですよね。また来年も？

中村　そうです、やるつもりです。要するに、２００９年にアメリカの連邦最高裁が、救済しない、補償しないということを決めて、ベトナムの人たちの求めが拒まれた。これは差別的だ、なんとかしなきゃと思って、国際チャリティ・マラソンをやろうと。エージェント・オレンジのオレンジを使って、オレンジ・マラソンという名前をつけたんです。マラソン走者・愛好者の参加が増えれば増えるほど犠牲者にお金が届くという仕組みで、ベトナムのＮＧＯと組んでやり始めました。ところが、このコロナで中断しちゃったんですよね。一回開いて中断して、二回開いたのか。だけど２０２４年のお正月にはできるはずです。コロナが収まっていますから。

坂田　そうなるといいですね。

中村　坂田さんも、枯葉剤問題とともに様々な環境問題、汚染被害の問題にチャレンジなさると思うのですが、次もまた素晴らしい作品を見せてください。期待しています。

2　ゴリラの視点から見た戦争と平和

山極壽一

やまぎわ・じゅいち　京都大学理学部卒、同大学院理学研究科博士課程退学、理学博士。京都大学理学研究科助教授等を経て、２０２０年９月まで京都大学総長を務める。日本霊長類学会会長、国際霊長類学会会長、国立大学協会会長、日本学術会議会長、内閣府総合科学技術・イノベーション会議議員等を歴任。現在は総合地球環境学研究所所長。著書多数。

山極壽一先生は京大総長、日本学術会議会長など重要な役職を担っていらした方だが、私が一番尊敬し憧れるのは人類学者としての山極さんだ。同じ京都大学出身という懐かしさと、私も一時文化人類学を目指したこともあり、人間を見る鏡としての人類学的考え方に惹かれ、２０２２年京都シネマでの上映後、対談をお願いした。さらに23年6月には日仏会館での上映会後、地球システム・倫理学会の近藤誠一会長の司会による鼎談が実現し、より深いお話を伺うことができた。

暴力はどこから来たか

坂田　先生はゴリラの研究を長年していらっしゃるわけですけども、ゴリラの視点から見た戦争と平和ということで、今日はお話しいただきたいと思います。まず、今日の映画のご感想をお聞かせください。

山極　坂田さんとグレッグが京都にいたのは1970年から74年って聞いてたんだけど、僕は70年入学なんです。だから学部を4年間送った時期に、ちょうど京都でお二人が過ごしていたわけですよね。うーん、感慨深いな。あの時代、まさに京都は大荒れに荒れてましたからね。べ平連もいたし、それから中核と革マルが内ゲバでやりあってて授業が全然ないっていう、そんな時期にいましたから。しかも70年は大阪万博の年で、しかもその11月には三島由紀夫が割腹自殺するという、すごいねじれた時代でしたね。まあ、その時にいろんなことを考えたんだけれど、それぞれその時代から旅立っていった。坂田さんはグレッグと、写真、映画という映像記録の道を歩んで。僕はなぜか人間以外の猿やゴリラを見て、人間ってどんな本質を持っているんだろうというのを人間の外から眺めてみたくなったんですよ。それはやっぱりあの時代を経験したからだなっていう気がします。人間とは何ぞや、社会とは何ぞやってのを考えざるを得なかったんですよ。

この映画からは、戦争は終わってないっていうメッセージが非常に強く伝わってきたと思います。私たちは、日々の生活や、世界の出来事に目を奪われて、持続的な目で、戦争が起こった場所と人々を眺めることができていない。だけどこの映画は、パートナーを亡くされて、その遺志を継がれて、ずっとそれを追い続けてきた。ベトナム戦争って、もう終わったことだと思っている人たちが世界中で多いと思うんだけれど、終わってないってないですよね。ベトナム人自身の問題であるばかりでなく、世界の問題として終わってないっていうことを強く伝えていると思います。

ゴリラの目から見てということですが、ゴリラはあんなことはしません。それは、人間が勝手に、戦争というのは避けられないものだと考えて、それを正当化してしまう悪い習慣から起こる。ゴリラはまあ、人間から見ると、とても暴力的に見えるかもしれないけれど、暴力は和解のための手段なので、一方的に相手を殲滅するとか、一方的に相手を押しのけるというようなことはないです。人間はどこかで間違えたんですね。ゴリラのような暮らしをしていれば、たとえ対立して戦うことがあったとしても、それは相手を徹底的に痛めつけずに、和解の方法を探るということが必ず起こったはず。しかし、今の戦争というのは、ロシアとウクライナの戦争を見ても分かるけど、どちらかが勝つしかないっていうところが折り込まれている。これは、人間の悲劇だなと思いますね。

ずっと一貫して戦争というのは避けられない人間の本性であるっていう常識がまかり通っている。人間の外に出て、猿や類人猿をやっている学者が何を発見したかというと、猿はなぜ群れを作るのかという疑問を、ずっと追ってきました。いろんな種類の猿がいます。４５０種類ぐらいいるけど、そういう猿の行動や生態を見て、なぜ猿は群れるんだろう、人間はなぜ社会を作るんだろうっていうことをずっと議論してきました。

その結果何がわかってきたかというと、我々人間は狩猟者であった。狩猟によって群れを成り立たせて、共同狩猟をすることによって、協力行動だとか武器だとかいうのを発達させたんだというのが、これまでの常識だったんです。人間以外の霊長類は狩猟をしません。チンパンジーは時々するけど。でも狩猟をすることが集団を作る理由じゃない。むしろ、狩猟をされるのを防ぐこと、地上性の肉食動物や空から来る猛禽類に対して、いかに協力して防御するか、安全を守るかっていうことが群れを作る理由だったんです。それから効率よく食物を探すということがもう一つの理由なんですけどね。人間も、実はほとんど同じ理由で群れを作ってきたんです。狩猟をすることが人間を進化させたんじゃない。狩猟されることからいかに守るか、お互いがどうやって、自己犠牲を払って仲間を助けるかということに群れを作る理由があったんです。

だから私の仮説は、人間は、人間に一番近い類人猿がいまだに進出していないサバンナ、草原に出て行くことによって、猛獣たちから襲われるようになって、いかに効率よく自分たちを守り合うかということを、社会の本質にすえた。狩ることではなかったんですよ。人類が一番最初に槍を使ったのは、たかだか50万年前ですからね。それは700万年のうちのわずか最近の話に過ぎない。しかも、人間同士が殺し合ったっていうのは、証拠が出ているのが1万3000年前ですから、ほぼ農耕牧畜の開始と一緒なんですよ。だから、そんな最近の出来事を人間の本性にするなんてできるわけはない。戦争というのは人間の本性ではなかった。戦争になってしまったのは、それまで自分たちを守り合うために使ってきた共感力というものを、間違った方向に向けたために起こった話なんだと私は思っています。

坂田　どこで間違ったんだと思いますか？

山極　それはね、僕も、前に『暴力はどこからきたか』という本を書いたことがあるんだけれども、たぶん四つぐらい理由があるんです。

一つは言葉です。言葉によって相手を敵になぞらえてしまうんですね。だって、日本は第二次世界大戦中「鬼畜米英」って言ってたじゃないですか。鬼にするわけですよ。鬼にしたら、それは人間ではなくなりますから、殺してもいいって話になりますよね。

それから、人間って、チンパンジーとの共通祖先から別れてから700万年も進化の道筋を歩んできたんだけど、たった1万2000年前に農耕牧畜を始めて、定住と所有を始めたんですよ。で、土地に投資をし、投資をしてから収穫までに時間がかかるので、その土地を守り続けなくちゃいけない。農耕牧畜によって食料ができたから、人口が増えますよね。そうすると領土を拡大しなくちゃいけなくなる。それによって対立が生まれて紛争が起こるということなんだと思うんですね。

もう一つはね、これが一番重要なんだけど、我々人間が発達させてきた、共感というお互いが助け合って生きるのに必要な能力が、外へ向けて、敵意になっていったということです。共感を感じられる人たちの数の上限というのがあるんですよ。世界中の人たちに共感を及ぼすわけにはいきません。

僕は、ゴリラの調査をしながら、コンゴ民主共和国というところで何度も戦争に遭ってきたけど、やっぱり対立してしまうんですね。それは、親兄弟を愛するが故に、その恨みを晴らさずにはいられないって形で起こるんです。だから、言い換えれば、共感力の方向性をどこかで間違えた。人間が助け合って生きるために共感力をつければよかったのに、それを外に向けて敵意にしてしまったっていうのが大きな間違いですね。

坂田 それは、私たちと、私たち以外のものっていう意識が芽生えたからでしょうか?

山極 そうだと思いますね。

人よりシステムを頼る社会

山極 四番目は科学的技術ですね。僕は、これが今、我々が一番反省しなくちゃいけないことだと思います。人間と人間とが信頼して人を頼るという社会から、システムを頼る社会になっていった。我々は今、保険をかけたり、マイナンバーとか言って人の顔が見えないものを頼り始めているわけですよ。それは、我々がそういう制度や契約というものに操られているっていうことですよね。知らない間にそういう組織の中に入れられてしまって、知らない間に我々は、罪を犯しているということになるわけです。例えば今、ロシアでも、徴兵されてみんなが逃げ出してますけれども、日本の自衛隊でもそうだけれども、いったん自衛隊で訓練を受けたら、有事の際は徴集に応じることって誓約書を書かされるわけでしょう。契約ですよね。そういうことが、我々が知らない間に、どんどん進んでしまっている。科学技術を我々の社会に導入して、便利さを追求すればするほど、そういう契約したシステムに、どんどんつながれていくってことになりますよね。それが、戦争の規模を拡大させた大きな原因だと思います。

坂田 そうですね。それプラスね、科学技術を使うことによって儲ける人がいるわけですよね。枯葉剤の場合は特にそうだと思うんですけれども、モンサントだとかダウ・ケミカルは、もう膨大な利益を上げているわけですよね。農薬なんかを発明して、プラスの面もあったとは思うんです、ある時期には。でもそれが、利益を重視するが故にバランスを欠いて、こんなことをしてしまったと。

山極 アメリカのモンサントとか種子会社、それから化学肥料を作っている会社、それは手を取り合って、世界を汚染させているんですよ。ベトナムに限りません。私は、アフリカでずっとゴリラの研究をしてきたんだけど、そこでは1991年以来ずっと内乱が続いています。コンゴだけではなく、モザンビークとかいろいろなところで内戦が起こっている、その理由っていうのはすごい複雑なんです。

例えば今、ロシアとウクライナが衝突していますけど、コンゴで最も悪人はウクライナとロシアなんですよ。なぜかっていうと、鉄鉱石、あるいはコルタン［コロンバイト-タンタライト」という希少金属を不法に飛行機で持ち出すために、内乱をバックで支援している。内乱が起こっていたら、その法律を守る必要はないわけですよね。戦争に乗じてその希少な金属を不法に持ち出すことができる。だから、金属と引き換えに武器を供与しているわけです。取引として不法にやっています。それは、私がコンゴで地元の商人に聞いた話です。一番活躍しているのはウクライナだった。ロシアも同じことをやっているんですよね。

また、干魃が起こって地元の農業が成り立たなくなる。するとアメリカがどうするかというと、遺伝子組み換えの穀物を援助します。でも、遺伝子組み換えっていうのは次世代ができません。それまでアフリカ人がやっていたのは、毎年収穫をした種子を貯めておいて、それをまた次に蒔く。種子には非常に多様性があって様々な気候変動になんらかの種子は耐えられるから、大量に収穫が得られなくても、全く得られないことはない。それでずっとつないできたんですよ。しかし、遺伝子組み換えの種子を使いだし、それを育てさせるためには、害虫に弱かったり気候変動に弱かったりするから、化学肥料を撒かなくちゃいけないわけです、大量に。そして、軌道に乗ると援助がストップする。すると何が起こるかというと、種子を買わなければならない。化学肥料を買わなければならない。工業的な農業がそこから始まるわけです。それまでのような農業はできなくなる。それがアメリカ企業の企みなんですよ。そういうことをアフリカ全土でやってきたんです。私はそれを目の当たりにしました。

しかも、アフリカの内戦でベトナムの何倍もの人が死んでいるんです。コンゴ民主共和国では800万人死んでいます。それは、世界から無視された内戦と言われています。でもその影には、武器の商人たちや、希少金属を不法に取引して儲ける大企業や、そして種子と化学肥料をセットにして売り込む企業、そういったものがバックで暗躍しているわけです。だから、戦争は終わらないんです。

そういう現状に、少なくとも僕らは目を向けなければいけない。真実を知らなければいけない。そこに倫理観はありません。倫理というのは、ある小規模な集団の内部でしか通用しないんです。宗教もそうです。キリスト教はこれまで大きな戦争を何度もやってきた。でも、内部ではみんなが愛し合い、そして協力し合う、そういう豊かで愛情に満ちた暮らしを奨励し、行ってきたかもしれないけども、その集団の外には、ものすごい武力でもって制圧するという歴史を重ねてきたんですよ。世界の宗教のほとんど全てがそうです。だから、人間の倫理というのは、本当に小さな集団の内部でしか通用しないんだっていうことなんですね。

我々の課題は、さっきの共感力もそうなんだけれども、小集団で通用するものを、大きな社会、集団をつなげた地球社会でどうやって働かせることができるのか、という話なんですね。

農業の工業化

山極 一見、戦争には関係ないとみんな思ってるかもしれないけれども、食糧生産、食料っていうのは、実にものすごく根深く戦争に直結しています。要するに、人々をコントロールし、人々を対立させ、格差を作る大きな道具になっているわけですね。で、それはなぜかっていうと、先ほども言った農業が工業化しているせいなんですね。

農業っていうのは、実はとても楽しいものだったはずですよね。第一義的にはお金を儲けるものではなかった。食糧生産をするためにみんなが集まって、老若男女が力を出し合って、それぞれの分担を決め、協力し合う社会の基になっていたんです。

だけどそれが工業化したことによって、規格が生まれ、その規格外の食料が捨てられ、運搬システムに合う食料だけが作られて市場に出される。そしてその規格に合う食料を大量生産するためには、品種改良をしなくちゃいけない。だから、遺伝子組み換えによって、伝統的に多年によって作られてきた食物の品種ではなく、工業的に作られた食物をみんな作るようになってるわけですね。

それはもう、工場ですよね。だって、実際に土と付き合って、土壌を育成し、その気候にあった種を蒔きなんていう作業が必要なくなって、お金を投資して、温室栽培をして、規格に合った食物を生産する方がよっぽど儲かるわけですよね。その方がシステムに合致するわけですよ、大企業のシステムに。モンサントは、肥料の会社と結びついていて、そういう工場的生産を世界中でやっているわけです。

だから、今度のような食糧危機が起こるんです。アフリカでなんで小麦がなくなるのかと言ったら、小麦を食べさせられるような、つまりパンを食べさせられるような食物革命が進んでいるからです。アフリカの人々が食べるパンっていうのは、ウクライナとか小麦生産地帯から送られてくる小麦で作られた、フランスだとかベルギーだとかの様式に則って作られたパンなんです。地元の人たちの手で作った食料が地元の人の口に入ってくるわけではない。

例えばウガンダの人たちはバナナを食べていたわけですね。マトケっていうんですが、日本のきんとんみたいな感じです。これが主食でした。美味しいんですよ。だけど、人々の主食はもうほとんどパンになっている。パンがなければみんな飢えてしまうっていう状態になっているわけです。そうなったのはなぜかっていうと、援助がそういうふうに仕組まれていたから。

坂田　国際的な援助ですね。

山極　はい。一時、緑の革命と言われ、まさに東アジアで行われたことですね。ハーバー・ボッシュ法といって、空気中から窒素を取ってアンモニアの肥料を作る方法で、これは革命でした。安価なそれを土壌に投入すれば、収量が10倍になるわけです。しかも品種改良が進んで、一時はものすごく収益が上がりました。でも、その収益が上がったおかげで、実はさっき言ったような農業の工業化が起こったわけです。結局は、その製品の価格は国際価格に左右されるから、コーヒーも紅茶もみんなそうですけど、いくら生産しても利益が上がらない。だって価格がコントロールされているんだからね。たくさん作っちゃうと価格が下がるわけでしょう。自分たちの手で協力して作った製品が自分たちの口にも入らなくなり、労働の成果が自分たちで得られなくなるっていうのが現代の農業ですよね。それは、緑の革命と共に始まったと言っても過言ではない。

＊緑の革命（Green Revolution）とは、1940年代から60年代にかけて、高収量品種の導入や化学肥料の大量投入などにより穀物の生産性が向上し、穀物の大量増産を達成したこと。

坂田　それは、アフリカに限らず世界中で起きていることですね。

山極　もうアジアで起こっています。日本でも起こっていますよね。実は、日本は公害先進国だったはずなんです。水俣病とか、四日市ぜんそく、イタイイタイ病とかいろんな公害があって、企業の責任というものが問われ、それが長い間裁判にかけられて、一般常識になった。でも、もっとひどいことが戦争の中では行われてしまったということだよね。つまり、枯葉剤だとかね。そして、その影響は子孫にまで伝わる。あるいは、そこで大きな障害を受けた人たちの一生を、いったい誰が面倒を見るのか。

坂田　そうですね。

戦争はいつまでも終わらない

山極　それは、さっき言った戦争が終わっていないということであるし、もっとそれを延長して言えば、戦争という名に隠れて、残虐な行為をすること自体が、今は、さらに進んでいるかもしれないということですよね。

坂田　ベトナム戦争は一応、1973年に平和条約に調印して終わったことになっていますけど、私もまさか今頃になって、枯葉剤の被害がここまでひどいとは思わなかった。

でも、ベトナムの人たちは、決してアメリカを憎んでいないんですよね。今、対中国でアメリカと軍事同盟も進んでいるし、友好的なわけですね。でも、やっぱり戦争の傷が残ってるということには、目を開けていかなければいけないと思う。

山極　それは日本だってそうでしょう。原爆を落とされたって、日本人はアメリカ人を恨んでないよね。

坂田　恨んでないですかね。

山極　恨んでないと思いますよ。でもさ、不思議だと思いませんか？　なんでベトナム人は、あれだけ悲惨な目に遭わされながらアメリカ人を恨んでないんだろう？

坂田　それは不思議。

山極　日本人も、あれだけ悲惨な目に遭わされながら、アメリカ人のことを憎んでいない。むしろ友好国だしね。

いや、僕はね、ずっと思ってるんですよ。我々は、第二次世界大戦中、中国の方たちに残虐な行為をした。韓国でも、慰安婦問題とか徴用工の問題とかありますよね。それは我々今の世代とは、残虐な言い方をすれば、実は関係ないんですよ。だって我々は生きてなかったんだから、戦争中はね。もし我々の子供が残虐な行為をしたら、親にはもちろん責任はあるよね。だけど、その子孫の私たちが、その責任を問われなくちゃいけないっていうのはなぜだろう。だって、今のアメリカ人だって、戦後生まればっかりですよ。アメリカは原爆を落とした張本人だけど、彼らはその時生きてなかったんだから、彼らに責任を負わせるべきじゃないんですよ。

だけど、その悲劇というのは、日本人とアメリカ人両方がきちんと、歴史の教訓として胸に刻んで、今後そういうことが二度と起こらないような努力をするべき。戦争が終わってないということは、日本人だけがそこに対して補償とか後始末をするのではなくて、落としたアメリカ国民も、たとえその時に生きていなかったとしても、つまり国が犯した行為ですからね、当然のこととして一緒になってそれを教訓にしながら、将来に目を向けて様々な配慮をするべきなんですよ。

坂田　そうですね。私それはね、日本だからとかアメリカだからという問題じゃなくて、全人類の問題だと思うんですね。アメリカがいけない、日本がいけないじゃなくて、原爆というものをなぜ許してしまったのかに立ち戻って考えなきゃいけないんじゃないかなと思うんです。

山極　今度のロシアのウクライナへの軍事侵攻だって、我々は直接の当事者じゃないから、テレビを見て一喜一憂するぐらいのものなんだけども、例えば、あの中に僕らの親族がいたとしたら、居ても立ってもいられないですよね。人間ってそういうものなんですよね。ベトナム戦争も、もう終わったことにしてしまって、その中で、あの悲劇を背負いながらずっと生きている人たちが隠されてしまっている。

でも、そうであってはいけないはずでね。僕もコンゴ民主共和国で経験したことがあります。ここはもう、世界で一番最悪の戦争を起こした国です。今までに600万から800万人ぐらいの人たちが虐殺され、その現場を見たこともあります。その戦争はまだ終わっていないんです。なぜかというと、親族を殺された人たちがまだ生きてますから。その恨みつらみがある。間近で腹を裂かれて胎児を引きずり出されて、そういうところを目の当たりにした人たちが、その記憶を失うわけないわけですよね。そういう傷を負った人たちが、どうやって共存できるかっていうことを考えないといけない。

今度のロシアとウクライナだって、単に勝った負けたっていう話じゃなくて、現実に相当悲惨な目に遭った方々がいるわけですよね。その人たちを世界中でケアしなくちゃいけないと思う。それを我々がどういう立場でできるか、一人ひとり考えなきゃいけないと思います。

共感力と共助の精神

坂田 戦争の傷っていうのは、どうやったら癒されるんでしょう?

山極 あのね、戦争の当事者はむしろ和解できます。というのは、自分が手を下した、戦ったという身体の記憶がまだあるからね。だけど、親族や愛する人を殺された、あるいは深手を負わされたっていうのは、自分が体験してないが故に、その恨みはどんどん増幅するんですよ。

坂田　共感力というか、その人の立場に立って思いを馳せる。

山極　うん。だから、例えば戦争で足をなくしたと。でもその人たちは、戦争というものに参加をした体験の中で、自分が負った傷を引き受けているわけだよね。だけど、その当事者の思いを親族の人たちは勝手に解釈し、黙っていられなくなってしまうんですよね。

坂田　自分の中で増幅されていくんですかね？

山極　そうです。だから僕はコンゴの内戦当時、一番怖かったのは少年兵ですね。少年兵って何するか分からないからね。しかも、みんな親を殺されたり、親族を殺されたりした人たちばっかりで、10歳前後の少年が、カラシニコフ［銃］を持っているわけですよね。で、いつでもバンっとぶっ放せる。銃を突きつけられて少年兵の血走った目を見ると、一言間違ったらやられるなと思いましたね。もう、見境がなくなっちゃっているわけだからね。そういう、実は戦争で被害を負った当事者だけではなく、親族を殺されたりした方々、とくに子供たちのケアをする必要があると思いますね。

今回の映画の中でも、ずっと障害を負った方が、だんだん年を取っていかれる。そのケアをする人たちも、もうなかなか体力がなくなって、しかも他の人には任せられないということで、本当は悩んでいらっしゃる。それから、障害を負った方たちでも、どういうふうに社会の中で生きていけるか。親族から敵視された人もいるし、その人たちを背負ってしまう親族の人たちのケアっていうものを、やっぱり社会全体で、きちんとしなくちゃいけないと思うんですよね。そういう配慮っていうのが、今の社会には非常に少ないんだろうと思いますね。

坂田　そういう意味では私、ベトナムってとても、社会が弱者の面倒を見ようとしてる国だと思うんですね。ベトナムは、すごく経済的に潤ってきている一方で、貧富の差はすごく開いてきているんだけれども、裕福になった人は寄付をするという寄付文化があるそうなんですね。だから皆さん、慈善の心っていうのがある気がするんです。

山極　そうですね。ベトナムに限らずアジアの仏教国は、家族と親族をすごく大切にします。自己犠牲の精神がすごく発達していて、ベトナムには、托鉢僧もたくさんいますよね。そういう、なんていうかな、日常に没頭してない人たちが、若い世代でもいるわけですよね。そういう人たちを通して、寄付だとか、自分の生き方が自分だけのものではないっていうことを、直感的に感じ取れる社会なんだと思いますね。翻って日本は、すごくギスギスした、自己実現、自己責任だけを追い求める社会にだんだん変わりつつある。

坂田　それをどこかで変えるには、どうすればいいんでしょうね。

山極　日本を？　それはね、共助の精神に立ち返ることって僕はずっと言っているんだけど。よく例に出すのは、2年前に菅総理がコロナの真っ只中に、「自助、共助、公助、この順番でやりましょう」って言って、大反発をくらったことがありましたよね。でもね、それはそうなんですよ。菅さんがおっしゃる通りなの。自助、共助、公助の順なんですよ。

一番効果の薄いのは公助ですよ。政府が何やったたって人々に届きませんもの。アベノマスクがいい例ですよね。それがなぜかって言ったら、公の立場にいる人って人が見えないんですよ、システムばっかり見てるから。システムっていうのは、人の顔はなくて、人は全部要素ですから、その要素に平均的にばら撒くしか能がないわけでしょう。そんなことやったたって、それぞれの人のニーズが違うんだから、そのニーズに合致できるわけがない。それは、それぞれの自治体が責任を持って、その人の事情に寄り添いながら支援をすればいいわけです。これがまさに共助であって、公助ではないんですよ。

そのためには、個人の事情を知っているケアマネージャーが必要なんですよ。で、そういうものを、例えば保健所を統合することによって一切失ってしまったのが、今の日本の社会でしょう。もっと地域のコミュニティをきちんと作り直さなくちゃいけないわけですよ。

最初の自助、これは無理なんです。自助に頼っていたら、能力の差がこんなにあるんだから、格差が広がるのは当たり前じゃないですかね。自助はダメ。でも、自助から公助に飛ぶのは間違いで、今さっき私が契約社会とかシステムとか言ったのは、これはみんな公助のシステムなんです。公のシステムなんですよ。一番忘れてはならないのは共助です。つまり、もう金権社会になった日本だけれども、お金の利益を求めずにみんなが助けあうこと。自己実現、自己責任じゃなくて、迷惑をかけあうことが楽しいっていう社会にしないとダメなんだと思いますね。

坂田　それは、ゴリラの世界にも通じることなんでしょうかね？

山極　難しいな……。あの、ゴリラよりも人間は共感力が高いんです。だから、これだけ社会力をつけることができたわけです。だって助け合うんだもの。ゴリラはやっぱり個人が単位ですからね。人間のように、「君、お腹空いてるんだろう。これ食べていきな」みたいなことは、絶対ゴリラは言わないです。人間はお節介なんですよ。相手の気持ちが分かるから、相手の気持ちに沿った行為を自分でやろうと思う。これが人間の大きな特徴でね。それがやりすぎるとお節介になっちゃうんですけど、でも、ゴリラはそんなことはできません。それは人間が持っている、すごく大きな利点だと思うんだけれども、それを賢く使って共助の社会を築き上げていかなくちゃいけないと思ってね。

私は、現代の科学技術を逆利用することだと思うんですね。戦争の原因というのは、領土と所有というものに人間がこだわり過ぎた結果なんです。今、私は第二のノマドの時代、人々が動ける時代が来たと思うんですね。領土をすぐやめることはできないだろうけど、人々が交流することはできるはずです。既に人々は動き始めているわけですよ。とりわけ若い世代、過去の戦争の記憶を身体に秘めていない若い世代たちが、自由に交流することによって新たな未来を創ることができるんではないか。イスラエルとパレスチナもそうだし、ロシアとウクライナもそうだしね、日本とロシア、日本と中国もそうですよ。それは、若い世代にとったら何の柵もないわけだからね。これからは、土地にこだわらない世界が出現するのではないかと思うんです。どこに住んでたって一緒ですよ、人間はね。しかも、いろんな民族や、いろんな境遇の人たちが混じり合って交流しあえば所有もなくなる。だって移動するのに物を持っては動けないですからね。

そうなると、シェアが広がります。そのシェアを基本とした社会の作り方をしていけば、コモンズというものが生まれる。コモンズというのは共有地という意味ですが、それは個人の所有、あるいは国の所有ではなく、地球市民の共有地なんだっていう考えが広まるのが夢です。そうなれば、それは今の科学技術が後押しをしてくれるかもしれない。グローバル時代をもたらしたのは科学技術なんだから。我々は二度と、科学技術の使い方を間違えてはいけない。正しい道に使わなければいけない。それを戦争みたいな、国と国とがいがみ合うような目的には使ってはいけない。地球の人たちが、混じり合い、平等に付き合うために科学技術を使うべきだろうと思います。だからそういう意味では、科学者の役割というのはとても重要で、企業が独占的に生産物や技術を使って人々を囲い込むようなことをやめさせなければいけない。そう思います。

最後に言っておきたいんだけど、人類ってこれまで弱みを強みに変えるっていうことをずっとやってきたんですよ。他の猿や類人猿に比べたら、人間はすごい弱い存在です。でも、弱かったからこそ、料理をしたり、物を分け合ったりして社会を作ってきた。これは逆転の発想なんです。これまでの歴史では都市に集まることばっかり考えてきた。今、地球の人口の半分以上が都市に住んでいるんですよ。でも、田舎に少人数で暮らしているところは、極めて高い倫理観を持って、それを実践して暮らしているんですね。だから、過疎に戻ったらいいと思うんです。過疎は悪い、悪いって言って、みんな都会に集めているけれども、そういう国土交通省のやり方を改めてね、もっと人々がまばらに散らばって生きることによってつながり合いましょうと。そういう発想をする必要が、今、地球全体であるんじゃないかなと思いますけどね。

坂田　なにかこう、まだ人類も捨てたもんじゃないんだなっていう希望が持てたところで、お話を終わらせていただきます。

3　音楽を通して社会と繋がる

小室等

こむろ・ひとし　1943年東京生まれ。フォークシンガー、作曲家。1968年グループ「六文銭」を結成。自身のライブ・コンサートを中心に、様々なジャンルのミュージシャンとのコラボレーションやイベントプロデュースも多数手がける。テレビドラマ、映画音楽制作、ナレーションなど、その活動は多岐にわたる。

私たちの世代の青春はフォークソングとは切っても切れない縁がある。ジョーン・バエズ、ボブ・ディランなどがギターを抱えて反戦歌を歌う姿に、歌の内容は全て理解していなくても憧れていたものだ。優しいメロディに込めた強い意志。小室等さんはそんな時代を彷彿とさせてくれる。数々の歌に込めたメッセージはしみじみと私たちの心に染み込む。

ベトナム戦争の頃

坂田　この映画を観ていただいて感想を伺ったところ、小室さんからこういうコメントをいただいたんです。

坂田雅子さん、ベトナム戦争は未だに終わってなんかいなかったんだよね。ベトナム戦争で起きたことを、今作の英語タイトルにあるように、Long Time Passing、時の向こうへ置き去りにしてきたことを思い知らされました。

監督一作目のタイトルでもある「花はどこへ行った」は、2014年94歳で亡くなったアメリカのフォークの重鎮ピート・シーガーが作った歌のタイトル、Where Have All The Flowers Gone でしたね。Long Time Passing はその一節。60年代、フォークソングに飛びついた日本の若者たちは、あの日、「花はどこへ行った」を口ずさんだ。1955年にピートによって作られた1、2、3番に、のちにジョー・ヒッカーソンという若者によって4、5番が付け足され完成。1960年初頭にザ・キングストン・トリオ、ピーター・ポール&マリーにカバーされ大ヒットしたものを、僕たちは英語で歌っていたのだ。リアルに反戦歌だ。そのことに僕たちは気がついていたか。いや、ベトナム戦争の枯葉剤で起きたことを、ベトちゃんドクちゃんのニュースの表面でしかとらえていなかったことに、この作品で気づかされた。今作で、今も理不尽な目にあっている枯葉剤の被害者たちを目の当たりにすると絶望的になるが、「絶望的な状況でも私たちには絶望しない力がある」と、坂田雅子さんは亡くなられた夫グレッグさんから学んだという。そしてこの映画のおかげで、私たちも、この映画の中に、絶望しない力を見出すことができる。ウクライナのことを考えるヒントも、この映画には隠されていると思った。諦めずに希望を持つことは可能だと、枯葉剤の被害者たちが見せてくれる「事実」と、そこにひそむ「愛」が教えてくれる。

呼びかけるように、「坂田雅子さん、ベトナム戦争は未だに終わってなんかいなかったんだよね」と。それに続くメッセージに感動して、ぜひ小室さんと対談をさせていただきたいとお願いしたわけです。

小室　この映画を観て、もう1時間あっても足りないぐらい、いろんなことを思いましたので。僕ね、グレッグさんと重なるような人に、60年代の後半に会っているんですよ。僕のジャケット・デザインなんかもずっとしてくれている小島武というイラストレーターがおられたんですが、何年か前に亡くなりましたが、僕より二つぐらい年上かな。その小島武がね、60年代後半だったと思うんですが、夜中に電話してきて、「等ちゃん、ちょっと変なものを預っちゃっているんだ。すぐ来てくれない？」と言うんです。もう夜中の2時ぐらいだったと思うんですけど。ようやくタクシーを拾って彼の家に行ったら、「いや、新宿で飲んでいたらね、拾って来ちゃったんだ。どう思う、逃げたいらしいんだ」と言ってたぶん年の頃二十歳もいってないのかな、GIを紹介されました。それで、知り合いのジャーナリスト、これがちょっとべ平連にも関係を持っている奴でもあったんですが、そいつも呼び出して、みんなで「どうしよう」ということになったんです。とにかく脱走したいっていう。で、そいつの伝手でべ平連に連絡してもらった。べ平連はあの頃、鶴見俊輔さんとか、小田実さんとかが脱走兵を脱出させるっていう運動をやっていました。数日やり取りがあったんですが、べ平連は貴重なルートなので、このケースの彼にそれを使わせるってわけにはいかないという。そして、冬だったので、寒空の中、小島さんの奥さんが小島武のちょっと厚手のセーターを一枚と、いくばくかの路銀を渡して、あとは自力でやってくれっていうようなことがあったんですよ。

坂田　ベトナム戦争で戦っていた兵隊たちっていうのは、本当にみんな若くて、17、18歳ぐらいで行ったんですよね。で、私の夫も18で行って、考えてみれば、本当に子供だった。あんな子供たちを戦争に駆り出してね。しかも、みんな戦う気がなかった。もう70年代ちょっと前にはやる気がなくなっていたから。この前も中村梧郎さんとお話しして、なんであのベトナムがアメリカという大国に勝てたんだろうって言ったら、「ベトナム人は、侵略されてきたから自分の国を守らなければいけない。だけどアメリカは侵略してきた方で、兵隊たちはなんのために戦っているか分からない。それが大きな違いだったんじゃないか」っていうことだったんですね。

　ベトナム反戦運動はしてらしたんですか?

小室　べ平連、「ベトナムに平和を市民連合」という運動を皆さんがなさっていて、それに対してのシンパシーを持ってましたけれども、活動にコミットしたことはないです。

坂田　私もそうなんですね。ベトナム反戦の運動には全然関わってなくって、なんとなく他人事のような気がしていました。夫と出会って初めて、戦争というものが自分の身近に迫ってきたという感じですね。

小室　もちろん僕らはメディアを通して、それなりにベトナム戦争のことは認識していましたが、やっぱりね、そのＧＩに出会っても、どこかなんか他人事っていう感じでしたね。

坂田　政治的なことにはあまり関わってこなかったっておっしゃいましたけど、歌ってらっしゃるメッセージには、とても強いものがありますよね。１９６０年代に、フォークソングをメッセージの発信方法として選ばれたのですか、あるいは、どういうきっかけでフォークソングの世界へ？

小室　60年代はアメリカからフォークソングがやって来て、そこにボブ・ディランやピーター、ポール・アンド・マリーがいた。そういう人たちのカッコいい音楽をコピーするっていう感じで。その人たちの真似ごとをしていると、その人たちのライフスタイルも伝わってきて、それはやっぱり社会的なことにコミットして活動もしている人たちで、コマーシャルな現場にもいるんだけれども、社会的なこと、政治的なことにもコミットしている。ああ、この人たちにはそういう方法があるんだ、っていうことには、やっぱり触発されました。でも、日本では学生運動が激しくなってきて、やがて石をぶつけたり、角棒を持ったりなんかしていることに対して、それじゃないだろうなっていう思いがあったので、自分はまず音楽に集中しようみたいな感じでしたね。

坂田　それは私もちょっと似たところがあります。私は京都にいて、学生運動が盛んな最中だったんです。でも、学生運動って、何が分かってやっているんだろうな？　っていう疑問を持っていました。ベトナム反戦運動とかもやっているわけですけれども、ベトナム戦争のことはあんまり分かっていない。それで、私の夫は実際にベトナムに行って戦ってきて、本当の心から反戦の気持ちを持っていたけれども、それをデモという形なんかでは表さないわけですよね。だから、その理解の仕方というか、深みというか、もうひとつ解せないところがありました。

小室　それは、そんなことで、例えば議論なんかをするとかいうことになったりもするんですか？

坂田　ないです。彼は、当時は戦争のことをあまり話しませんでしたから。ただ、権威に対する反感が態度に表れているんですよ。例えば警官が来たら、もうすぐに反応するしね。権威に対して敏感になっているっていうことは態度で表すけれども、あんまり政治的な話はしなかったですね。

「花はどこへいった」

——ここで1960～70年代に反戦歌としてよく歌われた「花はどこへいった」を小室さんに歌っていただく。私の枯葉剤をテーマにした第一作はこの歌にちなんで「花はどこへいった」というタイトルにしたので、私にとってもことに思い入れの深いフォークソングなのである。

小室 「花はどこへいった」というのは「花はどこへ行ったの／乙女が摘んでいったよ／乙女はどこに行ったの／夫のもとに行ったよ／夫はどこに行ったの／兵隊に行ったよ／兵隊はどこへ行ったの／お墓に行ってしまったよ／お墓はどうなったの／花が咲いたよ／花はどこへ行ったの／乙女が摘んでいったよ」っていう順繰り。

あれは、ピート・シーガーが、［ショーロホフの］『静かなドン』という、コサックの物語に触発されて、一番、二番、三番まで作ったものを、ジョー・ヒッカーソンがね、後に四番、五番で兵士からお墓に行くそれを付け足して、僕らが知っている形になったんです。その物語を、僕は自分では歌っていたつもりなんですけど、「いつになったらそのことを学ぶのだろう」っていう大事な問いかけがあったのを、ちょっと歌う中で、失念していたかもしれないですね。いつまでも学ばないっていう。いつまでも学ばないこの地球の上で、今もウクライナの方ではあんなことをやっているしみたいなことで、本当に……谷川俊太郎さんは「人が、人間が生きている限り、戦争はなくならない」って言っているんですよね。

坂田　そうなんでしょうかね。小室さんはどう思われます？

小室　僕もそう思います。だって、なくならないんだもん。

坂田　私もそう思うけど、でもなくならないと諦めちゃわないで、なくそうという努力を続けるのが人間っていうもんじゃないかなと。

小室　この坂田さんのお作りになった映画の全編に通してそれがあるんですけども、グレッグさんが、絶望的になるけれども、それでも、人は絶望から抜け出す力があるとかいうようなことをおっしゃっています。

「沈黙の春を生きて」

小室　今日、坂田さんの二作目の「沈黙の春を生きて」を見てきたんですが、希望に向かってね、人はやっぱり生きている。

坂田　そう、そうですね。

小室　そして、枯葉剤の犠牲になって亡くなった方ももちろんお気の毒だし、坂田さんの取材の中にもあるように、肉体的にひどい目に遭った人、それからそれを見守る親、誰の中にも希望があるんですよね。

坂田　そうですね。私が絶望の中にも希望があるっていうことに気がついたのは、枯葉剤の被害者の人たちとの出会いを通じてなんですね。本当に、子供の面倒を見ながら年老いていくお母さんたち。たぶん子供は先に死んでしまう。一人の子は死んでしまったんですけれども、その後も彼女たちは生きていく。どこかで明日に向かっての光を求めながら生きていくんだと思うんですね。

小室　それでやっぱりすごいのは、「沈黙の春を生きて」の中で出会った、アメリカの足を欠損している彼女。彼女も、お父さんの境遇も厳しく、自分も手足を欠損している中で、お父さんの行ったベトナムに行って、物語をつないでいっているんですよね。

坂田　そうですね。あの、ちょっと説明しますと、「沈黙の春を生きて」っていうのは私の枯葉剤シリーズの第二作で、一作目はベトナムの被害者を扱ったんですけれども、第二作目は、米国の帰還兵の子供たちが障害を持って生まれていることを扱った映画なんですね。この映画によって、アメリカの被害者とベトナムの被害者が初めて出会って、架け橋ができた。そして、帰還兵の子供たちがグループを作って、お互いに助け合うという動きができてきたんです。

小室　谷川俊太郎さんがベトナム戦争が激しかった時に、武満徹さんの作曲で彼が詩を書いて、

「死んだ男の残したものは」

「死んだ男の残したものは」を作ったんですけど、その時にね、一番最後の連で「死んだ歴史の残したものは、輝く今日とまた来る明日」って歌っているんですよ。で、僕は俊太郎さんに、「ここ、歌いにくいです、俊太郎さん。今日のこの地球の上の情勢を見ているとね、今日を輝くって言えるでしょうか」って、歌詞を変えてくれませんかって言ったんです。「いいよ、いいけどさ、自分で変えて」だって。

坂田 それで変えられなかった？ 変えた？

小室 変えられないですよ、そんなこと言われてね。でね、僕は思ったんです、つまり、今日を輝くと言えるようにしなくてどうするんだって。そう思って今は歌っています。ちょっと歌ってみましょうか？

坂田 ぜひぜひ。

死んだ男の残したものは
ひとりの妻とひとりの子ども
他には何も残さなかった
墓石ひとつ残さなかった

死んだ女の残したものは
しおれた花とひとりの子ども
他には何も残さなかった
着もの一枚残さなかった

死んだ子どもの残したものは
ねじれた脚と乾いた涙
他には何も残さなかった
思い出ひとつ残さなかった

死んだ兵士の残したものは
こわれた銃とゆがんだ地球
他には何も残せなかった
平和ひとつ残せなかった

死んだかれらの残したものは
生きてるわたし生きてるあなた

他には誰も残っていない
他には誰も残っていない

死んだ歴史の残したものは
輝く今日とまた来る明日
他には何も残っていない
他には何も残っていない

坂田　私は、この歌をここのところ何度も何度も聴いているんですけれども、本当に意味が深くって、ここはどう理解するのかということを考えながら聴くんです。まあそれはそれとして、何も考えなくても、本当に心に染み入る歌ですよね。これは何年に作られた？

小室　ベトナム戦争真っ最中なので、60年代の半ばだと思います。芸術家、表現者たちがみんなで集まって、ベトナム反戦の意思を示そうということで。考えられないですけど、石原慎太郎さん、黛敏郎さんまでいたんですよ、そこに。もちろん、大江健三郎さんもいたし、小田実さんもいたし。錚々たる人たちが、みんな参加して反戦を訴えました。

坂田　ベトナム戦争は、やっぱり市民がノーと言ったからやめられたんですよね。だから今、私たちがいろいろ市民運動をしていて、こんなの役に立つんだろうか、結局、巻き込まれちゃうんじゃないかと思う時に、ベトナム戦争のことを考えると、あの反戦運動があったからやめたという面は大いにあるんじゃないかなと思いますね。
「死んだ男の残したものは」に話を戻しますとね、「何も残さなかった」っていうことは、本当に残さなかったのか、何か意味深いものがありますよね。本当は、何か残しているんじゃないでしょうか？

小室　「他には何も残さなかった」っていうことの中に、なんか俊太郎さんはね、答えを暗喩のように閉じ込めていると思うんですね。

坂田　そうですね。私は夫が死んでから、人の生死ということについていろいろ考え、そして今も考えているんですけれども、人は死んでもそれで終わりじゃなくて。天国に行くわけじゃないけれども、何か違う形で生き始めるんじゃないかと思うんです。その違う形っていうのはいろいろあると思いますが、死んで残すものっていうのは、そういう千変万化のいろいろな形じゃないかなと思うんですね。

答えを探し続ける

小室　「花はどこへいった」の歌詞に、「いつになったら学ぶんだろう」っていうところがありますね。谷川さんは、他には何も残さなかったって言っているけれども、ボブ・ディランは、"the answer, my friend, is blowin in the wind/the answer is blowin in the wind"って、風の中に答えはあるって言っているんですよね。でもそれを探すのはあなた方ですって、たぶんディランは、僕らに突きつけているんだと思います。

坂田 60年代っていうのは、本当にいいフォークソングがたくさんありましたが、私たち、あまり意味を考えずに歌っていましたよね。でも、今になってみると、その、ピーター、ポール・アンド・マリーの"when will they ever learn"「人はいつになったら学ぶのだろう」というのと、"the answer is blowin in the wind"「答えは風に吹かれている」っていうのが、本当に呼応していると思えます。今私たちは、その、風の中に舞っていってしまった答えを探さなきゃいけない時じゃないかなという気がします。

小室 こんな高いところから偉そうなことを僕は言えないですけど、今日、ここにいらしている方々は、その答えを探そうと思ってやって来られているし、もちろん答えを持ってらっしゃる方もいるかもしれないんですけれども、僕たちは、その答えを探すことを諦めちゃいけないと思う……。

坂田 人が何のために生きているかっていうと、そういう答えを求めるために生きているんではないかと思うことがあります。あの、そろそろ時間になりましたので、どうもありがとうございました。素晴らしい歌も聴かせていただいて。みなさんも、今日、ご来場いただいてありがとうございました。

4　わたしの心のレンズ　現場の記憶をつむぐ

大石芳野

おおいし・よしの　東京生まれ。東京工芸大学芸術学部客員教授。世界平和アピール七人委員会委員。日本大学芸術学部写真学科卒業後、ドキュメンタリー写真に携わり、以後、戦争や内乱などで傷ついた人々の姿を捉え続けている。土門拳賞（『ベトナム　凜と』）、エイボン女性大賞、紫綬褒章、澄和フューチャリスト賞などを受賞。

写真家の大石芳野さんは、半世紀にわたって世界の戦場やその跡を回り、心に迫る写真をたくさん撮ってこられた方だ。ベトナムにも何度も行って、１９９２年には『あの日、ベトナムに枯葉剤がふった』というフォト・ノンフィクションを出版している。その本を見て、当時珍しかった女性写真家の仕事に感銘を受けたことを覚えている。

１９６０年代のベトナムを見て

坂田　大石さんはもう50年、カメラを抱えて世界中を回ってらっしゃるわけですよね。今回、『私の心のレンズ』という写真家としての半生を振り返った、とても心に響く本をお出しになったので、その本のことか、今日の映画のこととか伺っていきたいと思います。
まず、今日、また映画を見ていただいたわけですけれども、どんなことが印象に残りましたか？

大石　どんなことが印象に……？　もう全部ですね。写真家として、あの、大先輩のグレッグ・デイビスさんの写真は本当に素敵だなと改めて思いました。しっとりとしていて、フォトジャーナリズムの写真というのを超えて、人の心に訴える、情に訴えかけるような側面も持っていらっしゃって、本当に素敵な写真をお撮りになるだけに、とても残念だなと思って。

坂田　あの、大先輩じゃないんですよ、彼の方が下なんです。

大石　えっ、本当に？

坂田　それとグレッグは、大石さんをカンボジアかどこかで知っているって言っていましたけど。お会いしたことがあるって。

大石　ああ、そうですね、カンボジアでもベトナムでも、なんかダブっているような感じがしますね、写真を拝見していると。

坂田　大石さんはずっと、原爆から始まって、枯葉剤からいろんな戦争の傷跡、傷ついた人たちにインタビューをして、写真を撮っていらっしゃる、その経過が、この『私の心のレンズ』に書かれています。私がこの映画で一番言いたいことは、戦争の傷跡はいつまでも終わらないということですが、私は枯葉剤に特化してその話をしているんですけど、大石さんはあちこち見てらして、いろんな戦争を見てきている。

大石　始まりがどこって言うと、まあ広島、長崎、沖縄っていうのが歴史的には古いですけれども、私にとっては、やっぱりベトナム戦争の頃。多感な青春時代でしたし、ベトナム戦争反対という運動が世の中では盛んに行われていました。戦争中、枯葉剤が撒かれていることは噂では知っていましたけれども……戦争が終わって初めて、この映画のように、何世代にもわたって遺伝子を壊し、人々を蝕んでいくものだっていうことを知りました。

その時は分からなかったですね。日本は何でもかんでもアメリカに追従してますから、障害児が産まれても、それは嘘だと。有名な結合双生児のベトちゃん・ドクちゃん、体がくっついた双子の赤ちゃんが生まれ、それを中村梧郎さんが最初に発表されました。その何ヶ月か後に、私もそこのハノイの病院に行って、二人の写真を撮りました。

彼らはたぶん、初めての枯葉剤の障害児ということで日本で報道されました。あの辺一帯、南国、東南アジアの南国一帯には、そういう障害を持った子が多いんだっていうことを、日本の有識者や体制側の人が言って、それがアメリカの枯葉剤、ダイオキシンのせいだっていうことをなかなか認めなかったですね。この枯葉剤障害者もまた、アメリカが戦った敵の共産主義者の言い分であって、真実は違うんだと。あれは枯葉剤のせいでないのに、枯葉剤のせいにしているんだっていうので、まあ、取材している私としては、大変苦しみました。

最初にベトナムに行ったのは１９６６年でした。その頃は、ホーチミン市はサイゴンといっていましたが、サイゴンは市街戦がまだなくて、見たところはとても平穏な他の東南アジアの国々と変わらないと思われるようでしたね。でも田舎の方は違いました。で、サイゴン市内は、まあ平穏に見えるんですが、やっぱり一人ひとりの顔は、平常時の人間の表情とは全然違いましたね。

坂田　66年っていうと、ベトナム戦争の最盛期に差し掛かろうとしている頃ですね。

大石　そうですね。64年に北爆があって、65年にトンキン湾事件があって、それから公開銃殺があったり、そういうことが続いてきた時の66年ですから、急に戦争が激しくなり始めた頃ですかね。

坂田　私は、65年から66年まで高校生の留学でアメリカに行っていたんですけどね、その時に、アメリカに行くにあたっての心得みたいなものも言われるわけですよ。アメリカに行ってもベトナム戦争のことは話すな、生意気なことを言うとか、論争になってうまくいかなくなるから話すなって言われたんです。でも私はその頃田舎の高校生で、ベトナム戦争のいい悪い、何で戦争をしているかも分からないで、何でそんなことを言われるのかなと思った覚えがあります。その1年間のアメリカの高校生活でも、ベトナム戦争っていうのはほとんど話題にならなかったですね。66年ぐらいになって、そろそろ誰が徴兵されたとかっていう話が出てきて、それからドッと反戦運動が広がってきたわけなんですけれども、そんな時代にいらしたわけで、ちょうどその頃、枯葉剤の散布もすごく増えていったんですよね。

大石　私が66年に行った時に、産科病院もツーズー病院も見学させていただきましたが、その時は、障害を持った子供が生まれたりするのは目にはしませんでした。
　とても印象に残っているのが、とっても痩せたお母さんから小ちゃい赤ちゃんが生まれて。お母さんの顔色も悪くて、それが今でも目にこびりついてる感じですね。

坂田　ちょうどその頃にフォン先生が、障害を持った子供がどんどん生まれている、これはどうしてなんだろうと思い始めたんですよね。

大石　そう、それで彼女はサイゴン政権から、いろんなことを言ってはいけないとかなり言われたそうです。確かにちょっと郊外に行くと、木も枯れているという報告を受けたりしていて、彼女はこれは命の問題だと気付きました。それで訴えたんですが、左遷こそされなかったですが、かなり抑圧を受けたとおっしゃっていました。

坂田　ちょうどその１９６５年ぐらいに、アメリカでは、枯葉剤には催奇性があることが分かっていたんですね、ネズミかなんかのテストで。だけど、それを隠してどんどん散布していた。

大石　そうですね。あれは61年から散布し始めましたけど、散布する時から動物実験で分かっていたんですよね。原爆を発明したので日本には原爆を落としたけれども、長いこと枯葉剤を散布することも計画にあったというのを読んだことがありますね。

戦争は終わっても終わらない

坂田　大石さんは、原爆の被害者、枯葉剤の被害者、さまざまな戦争の被害者を、世界中まわってインタビューしたり、写真を撮ってらっしゃるわけですけれども、その、戦争の形態は違っても、被害者の思いっていうのは共通しているところがあると思うんですが、どんなところが心に残っていますか？

大石　私がテーマにしているのは、「戦争は終わっても終わらない」っていうことなんです。戦争って、軍の上層部が始めて、それで、調印して終わるんですよね。だから戦争は、形の上では国と国、あるいは地域と地域で終わるんですけれど、人々の心の中では終わらないっていうのが私が戦争に反対する大きな理由の一つです。戦争は、一度始まったらば一人ひとりの中で決して終わらない。国同士は仲直りしても、人の心の中では、憎むっていうことではなく、戦争で家族を失ったり、体を痛めつけられたり、いろんな情景を自分が目にしたことによる、心の傷がいつまでも続くんですよね。それを私は、非常に強く思っていますね。

坂田　私が第一作目の「花はどこへいった」でインタビューをしたアメリカの帰還兵の方がいらっしゃるんですね。彼はＰＴＳＤにすごく苦しんでいて……。アラスカの人里離れたところに一人で住んでいたんですけども、これはもう鬱になって危ないと思って、ベトナムに来ることに決めたんですね。そこでフレンドシップ・ビレッジっていうところで枯葉剤の被害者を助ける仕事を始めて、回復していったんですけども、彼がやっぱり、「戦争は一度始まったら、決して終わらない。だから戦争は始めてはいけないんだ」と言っていたのが、今も心に残ります。

ベトナム戦争も1973年に一応、平和協定がサインされて終わったことになって、キッシンジャーはそれでノーベル賞をもらったんですよね。信じられないですよね。今、もう100歳近くなったのかな？（大石「そう」）それで、カンボジア侵攻は間違っていたとかね、口を拭うようなことを言っていますけれども、その国と国の戦争は、その平和協定で片がつくかもしれないけど、傷ついた人たちはいつまでも治らないわけですよね。

怒りと悲しみが原動力に

坂田　大石さんが写真家になろうと思ったきっかけっていうのはなんですか？

大石　坂田さんのようにはっきりとした理由があるわけではないんですけれども、まあ、たくさんの、いくつかの選択肢の中の一つ。と同時に、写真を通して社会とつながるっていうことがいいかなと。まあ、社会とつながるのは何も写真だけではないのですが、写真を撮ることによって、カメラを通して社会とつながるっていうことですね。

坂田　はい。それはとても私も感じることで、夫を亡くして本当に悲しい思いでこれからどうしようと思った時に、映画を作ることを思いついたわけですけれども、それによって、カメラを通して被写体の方々とつながるということ。それからいったん映画ができてから、こういう上映会だとか、講演会で見てくださる方たちとつながる。そういうことができるようになって、孤独な生活ですけれども、20年間なんとか日々を過ごしてきたと思いますね。

大石　坂田さんはご主人を失った悲しみのどん底の中から、よく立ち上がって。映画の学校にもいらっしゃったんですよね。

坂田　学校というほどじゃないんですけど、2週間のワークショップ。

大石　2週間のワークショップ？　すごい。ご主人の死を解明したいっていう思いと、アメリカにいらっしゃる頃からきっと持ってらしたベトナム戦争に対する憤りみたいなもの。それから戦争が終わって、もうベトナムはほっぽりだされてしまったような状態になって、そういうことに対する怒りもきっとあったんだろうなと。

坂田　私、怒りってあんまりないんですよね。だから、怒りが原動力じゃないんですけど、大石さんは原動力はなんですか？

大石　悲しみと怒りですかね。なんの怒りかっていうと、差別に対する怒り。ベトナムも差別ですよね。世界構図から言うと、中国の赤い共産主義をベトナムで防がなければならない、そうしなければ、どんどん共産主義がアジアの中に広がってしまうというのがアメリカの考えの一つだったわけでしょうが、やっぱりベトナムでやっていた戦争のやり方は、枯葉剤散布も含めて、ソンミ村の大虐殺も、ウクライナのブチャどころじゃない。ものすごい、もう村ごと人が殺されてて、ソンミ村だけではなくて、そういうところがたくさんあった。それはやっぱり差別から生まれていると私は思うし、それから日本に原爆が落とされたのも、やはり差別からだろうと思うし……。

坂田　それは人種差別ですか？

大石　パールハーバーに端を発して日本がアメリカに戦争を仕掛けてきてというふうに思ったかもしれないけれど、やはり、差別だと思うんですよね。そういうのが、なんていうか、胸の中で怒りになって。そして、やられた側の人たちの一人ひとりに話を聞くと、やっぱり、すごい深い悲しみを持っている。戦争っていうのは、本当に、こんなに一人ひとりを悲しくさせてしまう。

コロナがなかったら、今頃まだどこか走り回っていたでしょう。コロナがなかったらウクライナは戦争になっていたかどうか分からないけれど、まあ、もしなっていたとしたら、本当に行きたいと思う。

坂田　ああ、そうですか。いらっしゃりたいですか、ウクライナに、もし行けたら？

大石　そうですね。もう今、行きたいと思っていますね。まあ、あんまり老人が行くと若い人に迷惑をかけるから、ちょっと……。

坂田　いいえ、まだまだお若い。
大石　もう、なんでこんないつの間にか歳をとってしまったのかと……。
坂田　いや、でもお若いですよ。やる気も満々だし。
でも確かにね、枯葉剤を撒いた飛行機にしても、原爆を落とした飛行機にしても、飛行機から下を見ると、その下に人がいるっていう意識が薄れてしまうと思うんですね。それでも人間がいるパイロットだったら、少しは考えるかもしれない。だけど、これから先ドローンなんかになったら、もう考える余裕もない。本当に一人ひとりの命っていうのが、軽くなっていくんではないでしょうかね。
大石　経済が優先して、命より経済っていう。まあ、戦争はそういう側面をいつも持っていますけど。
坂田　そうです。枯葉剤はまさにそうだったんですよね。［製造業者の］ダウ・ケミカルとかモンサント、すごく儲かったんです。

希望という名の小川を体内に流す

坂田　ご本の中に、アウシュビッツ、ホロコーストの生き残りの方のお話があって、すごく大変な中でも、やっぱり人には希望がある、絶望の中には希望があるっていう言葉があって、それがとても印象に残っているんですけれども、その方について……。

大石　ポーランドに住んでいるユダヤ人で、スタシャック・レオンさんという男性です。私はとっても親しくなったんですが、最初はもう、本当に緊張しておられました。何を緊張したかっていうと、自分は、アウシュビッツ時代の話はしないことにしていると。なぜなら、引き戻されて自分がつらくなるので、その話はもうしないようにしている。けれども、遠い日本からわざわざ来てくださったんだから、お話ししましょうと、それが最初のお言葉だったんですよね。で、お話を何度も聞いて、何日も、また何年も、日本に帰ってからまたお訪ねしたりして、長いお付き合いをさせていただいたんです。その中で、アウシュビッツでは、もう本当に殺されるわけですから、死んでいく人が多い。もう死んだ方がマシだと思うぐらいの状態の中で、人々は、もしかしたら神が助けてくれるかもしれない、もしかしたら、連合軍が助けに来てくれるかもしれない、あるいは、もしかしたら突然にいいことがあって自分が救われるかもしれないというふうに、みんな思っているっておっしゃる。でも、絶対に誰も助けに来てくれないと。で、自分は、体の血管の中に希望という小川をいつも流すことだと。希望という小川を血管の中に沸き立たせることだ、ということをおっしゃって。彼はそうやって自分の胸に向かって、「希望が流れているか?」と問いながら、本当に過酷なアウシュビッツの囚人の中で生き延びることができたんですね。

坂田　いやぁ、それはとてもいい言葉で、皆さんの中にもこの言葉を聞いて、「ああ」と思われる方がたくさんいらっしゃるんじゃないかと思います。

この本の帯には、「今、共生と共存を考えるためのヒントがここにある」とあります。そして、たぶん私が読むところでは、人間と自然のあり方をニューギニアで学んだっていうことをおっしゃってますけど、そのニューギニアから学んだ共生ってどんなことなのか？

大石　ニューギニアは、私が20代から30代にかけて何度も行ったところなんですけれど、そこではやっぱり人々が自然と共に生きてるんです。人間は自然の中の一つの生き物である、動物も同じだというような考え方、森羅万象の中で生きとし生けるものは、こう歩ませていかなければいけないんだっていう考え方を、本当に持っているんですよね。これは日本でも、アニミズムとかいろいろあって、昔は木を切るにも、その大きな木を切る理由が何かであった時に、木にお祈りをして、お願いをして伐採するわけですよね。昔はそのように、自然というものを日本人はとても大事にしていた。今も田舎の方に行けばそうかもしれないけど、全般的には、もう、全然そうじゃなくなっていますよね。

人間というのは自然と共に生きていなければいけないので、（ニューギニアの人は）例えば、子供をそんなにたくさん産んだらダメですよ、と。それは、人口が増えれば森がなくなる、自然がなくなる、食糧難にもなるということを、彼らはずっと何百年も何千年も前から知っていたんです。一事が万事そうなんですね。だから、部族間の戦争をしても、もちろん人間だから戦争するんですけど、戦争したら、この間2人殺されたから、2人殺したらやめようというやり方。３人殺すと、そのプラス１人の分をめぐってまた戦争になってしまうんですよね。

坂田　そう、なんか身につまされる思いがしますけど、ニューギニアのことはもっと伺いたいし、本当にそこにヒントがあると私も思うんですね。

まだまだお話を伺いたいんですけれども、時間が来ましたのでこれで終わらせていただきます。どうもありがとうございました。

5　ベトナムとの出会いから考える

桂良太郎

かつら・りょうたろう　姫路学院女子短大助教授、奈良大学社会学部教授を経て、立命館大学国際関係学部国際インスティテュート教授。定年退職後、日越大学教員としてベトナムハノイに在住。ＪＩＣＡ専門家として日越大学運営等に係る。国際平和学会、国際社会福祉学会等多くの所属学会員を兼ねる。

桂さんとは、彼が立命館大学平和ミュージアムの副館長をしていらした頃、一作目の映画「花はどこへいった」の上映を通して知り合った。その後『ベトとドクと日本の絆』の英語版に寄稿したことが縁で、ベトナムの事情を折に触れ教えていただいている。現在は奈良で高齢者や障害者の福祉問題に取り組んでおられる。

全ては出会いから

桂　今日この映画を観て、私たちはこれから何をしなくちゃいけないか、何ができるか、そして、大事なものを見失わないように何をすべきかというようなことを、私なりに、学んだことをお話しさせていただきながら、みなさんとこの映画の素晴らしさを共有したいと思ってまいりました。私たちが今見失っているものを教えてくれる映画だと思います。明日から私たちはもう一度、障害という問題を、障害者の問題として考えるんじゃなくて、私たちの日常の問題として考えなあかんということです。

私たちは今、三つの核の危機にさらされていますね。一つは自然界の核で、アインシュタインの理論を使って原爆を作りました。二番目が、このダイオキシンなんです。環境生物化学兵器の恐ろしさというのを、今日学ばしてもらいましたね。それによって、三つ目の核の危機。私たちの社会を構成している一番重要な家族の危機。この三つの核の危機の中で、さあ、私たちは、明日からどう生きていったらいいか？

私はつい5ヶ月前まで、ベトナムで5年間生活してまいりました。そしてやっと日本に帰ってきまして、今、奈良でたんぽぽの家という知的障害の子どもたちのトレーニングハウスを、自宅でやっています。今日はこの映画の持つ意味を、私なりに、ベトナムで生活してきたものとして、みなさんに伝えたいということで参りました。

坂田 まず、桂先生がベトナムと関わるようになったのは、どういうきっかけだったんですか？

桂 もうね、人生は全て出会いです。私は、大阪の江戸堀というところ、眼鏡屋の長男に生まれました。けれども勉強せずに遊んでましたから、大学は地方の大学で、30歳まである民間の市場調査の会社の調査員をしていたんですけども、その会社がオイルショックで潰れまして、それでもう一度勉強し直したのが、30歳からなんです。
私、今日久しぶりに十三に帰ってきまして、そこの近くにミード社会館というコミュニティセンターがあります。そこで私は、初めて一人暮らしのお年寄りの給食サービスを勉強させてもらって、それがきっかけで社会福祉に目覚め、それで私は関西大学で勉強しました。その後、シンガポールに1年ほど勉強しに行きました。そこで出会った友人が、今の私のベトナムの全てを決定した。シンガポール大学でたまたま出会ったベトナムの女性が私に、「ああ、そんなんやったら、ハノイの私の家にいっぺん来な」って誘ってくれたんです。1995年でした。もう、飛行場の周りが、今のホーチミンとかハノイと比べものにならないくらい、ストリートチルドレンと、それこそ障害を抱えた人たちがいっぱいいるんですね。これがベトナムだったんです。同じアジアで、何でこんなにシンガポールみたいな進んだ国とベトナムの差があるんかということで、それでいつの間にか、アジアの勉強を始めたんですね。
坂田　そしてベトちゃん・ドクちゃんと出会った。
桂　そう。1995年に私はホーチミンで、日本でベトちゃん・ドクちゃん分離手術を支援している素晴らしいグループと初めて出会ったんです。それが、藤本文朗先生の「ベトちゃんドクちゃんを支える会」。その会の人と出会わなかったら、私は、ドクちゃんの2人の子供の名付け親になっていなかったと思います。

坂田　名付け親だったんですか。ホアン・ダオちゃんとフー・シーちゃん。

桂　そうですね、中村梧郎さんという素晴らしいフォトグラファーの方と、ツーズー病院の平和村を訪問しましたら、ドクさんの奥さんのテュエンさんがね、「太郎さん、すみません、お腹に子供が2人いるんです」と。で、男の子は藤本文朗先生の藤をつけよう、と。だけど女の子の名前は決まってないって言うんですよ。それで、中村梧郎さんと2人で「えー、困ったな」言うてね。で、「富士やったら桜がええな」とか言って。で、勝手に「富士と桜がいいじゃないですか」と言ったら決まってしまいました。で、ベトナム人は、富士山と言わんとフーシーって言います。それから、お嬢さんの方はホアン・ダオと言うんですけどね。まあ、そういう形で、ベト・ドクとの出会いが、私の今の全ての人生の出会いです。人生全て出会いでした。

　ベトナムという国、皆さんぜひ、観光でもいいですからいっぺん行ってください。ベトナムの国の人たちと一緒に、とにかく見て、感じて、考えていただいて。交流していただいたら、きっと私たちは、ベトナムという国から多くのことがまた学べるかなと思います。

共生と多様性の大切さ

坂田　私は桂さんに、コロナになる前の2020年にお会いして、2時間ほどお話を聞いたのかな。その短い間に、ベトナム社会のことについて、何でこんなに人や、家族が温かいのかとか、助け合う社会なのかっていうことを聞いて、本当に感心したんですね。私は行っても、枯葉剤の取材をして帰ってくるっていうことを繰り返していたので、ベトナム社会のことについてはあんまり詳しくないんです。ベトナム社会の文化的な特徴、日本と比べて家族の面倒見の良さ、先祖に対する敬意の払い方とか、思われることを話していただけますか？

桂　私と坂田さんの共通しているのは、坂田さんは京都大学で文化人類学を勉強された。

坂田　しようと思った。したかどうか分かんないけど。

桂　私は京都外大でしたが、市民の人たちに開かれた文化人類学を学ぶグループに入っていまして、そこで初めて京都大学の文化人類学の先生と出会ったんです。僕は、文化とか社会というのはですね、自分の国のことを知らないで他の国のことは分からへんと思っていました。ベトナム人と日本人は、ものの考え方、価値観、それから生活様式、全部違いますが、人間であるということだけは共通なんですね。私は今、奈良で、技能実習生の人たちと関わっていますが、まあ10人いるとすると、最近の統計では、2人ぐらいしか日本に来てよかったと思わずに帰国してしまってるんです。これはもう、日本人として恥ずかしい。僕はやっぱり、日本へ来た外国人は一期一会と。私たちはおもてなしという文化を持ってたのに、いつの間にか日本人は、外国から来た人たちをロックアウトしてしまう。特にアジアから来た人をね。

人種的偏見とか差別は、無知から来ている。知らないところから来ている。これを学んだのが文化人類学の先生から。知らないということが最大の敵だ、だから勉強せなあかんでっていうふうに言われたんですよね。

坂田さんがこの映画をお作りになった根底には、そういう多文化共生の素晴らしさ、いかに文化を超えて人間が助け合わなきゃあかんかっていうことがある。私は、逆に坂田さんから学んだんですけどね。

坂田　私は高校の時にアメリカに留学していたっていうのは一つ大きいし、夫が日本人じゃなかったっていうことも大きいし。まあ、いろいろ考えながら生きてきた中で、自然と多文化を許さなきゃいけない、許容しなきゃいけないっていうことを学んだと思うんですね。

私、ベトナム社会ってとっても温かいと思うんです。時には、ちょっと温かすぎるかなと思うぐらいの温かさで。例えば、映画を上映して募金が集まったんですね。それで、ズエン君という頭が二つある男の子の家族に、30万円程かな、寄付をしたんです。そしたらとても喜んでくださって。またお金がいくらか集まったので、1年後にもう一度、あの家族にこれだけあげましょうよって言ったら、ベトナムの枯葉剤委員会の人が、「いや、あの家族は、もう十分にもらった。他に困っている人がいっぱいいるから、公平に分けるようにしよう」って言うんですね。あっ、やっぱり社会主義の国なんだなと思いましたね。

桂　違いを超えるということは、やっぱり知ることですね。知らないことが最大の敵やということを、私は学びました。どうしてこんなことをアメリカはしたのか。どうしてベトナムはそれを克服して、今のベトナムがあるのかっていうことは、明日からの私たちの日本の未来と、もう切っても切れないことがある、そういう気がしました。ベトナムという国は、決して、遠い国ではありません。私たちの未来を見る時に、一番近い国の一つです。何でアメリカはあそこまでしたのか？　何でああいうアホなことをしてしまったのか？　そういうことを考えたら、今のウクライナの問題が出てくるんですね。ですから、政治家や経済の専門家に任せないで、私たち一人ひとりの市民が立ち上がって、「おかしい、これはどうしてもおかしい」ということを言い続けていかなあかんということを、この映画から私は学ばしてもらいました。

坂田　ベトナム戦争が終わってからもう何年もたっているわけですけれども、だんだん忘れ去られていっていますね。日本でも、ベトナムでも。

桂　人間にとって忘れるということの恐ろしさ、これがやっぱり知らない間に戦争に加担してしまうということですよね。

坂田　そうですね。私は14年前に第一作目を作ったんですけども、その時も、もう戦争からだいぶ経っていた。けれども、まだ憶えている人がたくさんいた。でも、14年経ってみると、ますます忘れ去られてるっていう気がするんです。映画の中で、フランスに住むチャン・トー・ニャーさんが言っていたように、裁判には負けても、過去の悪かったことを掘り出して現在に表出させるっていうことがすごく大事だと思います。この映画が少しでもそういう役に立てばいいなと思っています。

桂　この映画を私は、日本の青年たちに見せたいです。もうね、机の上で勉強するな、本で歴史を勉強するな。この映画から見て感じたことを考えろって言って。今は大学で教えてないんですけど、立命館の若い学生たちには、私の友人を通じてね、日本の未来を担う青年たちにぜひこの映画を見るように言っていただきたいと思って、今日参りました。

技能実習生とオレンジ村構想

坂田　桂さんは今、ベトナムの技能実習生を何とか助けようとしていらっしゃいます。私は群馬に住んでいるんですけど、群馬県には７０００人の技能実習生という名前で、農業などを助けに来ているベトナム人がいる。そのうちの多くの人が日本に幻滅して帰って行く。そういう実情がこれからどういうふうに改善していくと思われますか？

桂　たくさんベトナムから技能実習生が来ましたね。私の夢は、彼らがここで、ちゃんと目的通り自分の技能、能力を磨いて帰って、それを自分の地域づくりに役立てることです。私は、ツーズー病院に何回も足を運びまして、そのオレンジ村っていうものを、私たちが作れないか？　つまり子供たちが、自分たちで自立できる、自分の生活を自分たちで守る、そういうベトナム人のスピリットを展開できるオレンジ村構想というのに、今、私たちは関わってます。このオレンジ村っていうのは、結局ダイオキシンの被害を被った人たちが、自分たちで生活していくための農、農業じゃなくて農です。農業っていうのはビジネスです。農を通じて、もう一度土から学ぶ平和と、人間性。私は今、奈良で里山をやってますけど、知的障害の子供と一緒に土を触ると、子供たちが落ち着くんです。その子供たちは素晴らしい能力を持っています。こういうものを、もう一回私たちが取り戻さないとあかんと思います。今はもう全部お金なんです。お金で人間の幸せは買えないということを、この映画からも学びます。

会場質疑応答

――どうもありがとうございました。いろいろ、とても勉強になりました。私はツーズー病院には行ったことがあって、かなりショックを受けて、それから三回くらいベトナムに行っていろいろ見ました。それから、アメリカ兵の中にも、かなりの枯葉剤の被害を受けた人がいるということを聞いて、アメリカに行くことがあったので、そういうリサーチをしてみたんですけれども、あんまり表には出てこなくて。ただ、枯葉剤を作ったモンサントが今も長らえて、もう本当に世界的に、いろいろな悪事を今でもやっているということに衝撃を受けて、「どうして？」って思うんです。この映画で監督は、アメリカ兵の枯葉剤の被害については全く触れられてないんですけれども、それは取り上げられないんでしょうか？

坂田　私は、第二作で「沈黙の春を生きて」っていう映画を作りました。第一作目は、ベトナムの枯葉剤の被害についてだったのですが、第二作は、アメリカの枯葉剤の被害を取り上げました。まあ、私の夫もそのうちの一人だったのですが。アメリカ兵の子供たちで、障害をもった子供たちがかなりたくさんいることを知り、何人かにインタビューをして、そのうちの一人、足や手を欠損して生まれたヘザーっていう女性と親しくなって、一緒にベトナムに行ったんです。それで、アメリカの被害者とベトナムの被害者が、初めて国境を越えて、時間を超えて交流し合うという映画ができたんですね。それをきっかけにして、アメリカの被害者たちが、「枯葉剤被害の子供たち」っていうグループを作って活動をしています。一般的には知られてないかもしれないけれど、そういう動きはあるんですね。

それから、モンサントなどの化学薬品会社が何をしてるかっていう話ですけれども、枯葉剤を含む除草剤っていうのは、私たちの生活とも大変密接な関係があって、日本でも１９６０年から71年の間にたくさんの枯葉剤が作られ、除草剤として、実際に山林に散布されていたんですね。ところが、１９７１年に、ベトナムでの枯葉剤の使用が禁止されると同時に日本も禁止になって、余ってしまったものがたくさんある。それがどうしようもなくって、山林に埋められている。それは全国で、少なくとも54ヶ所判明しているんです。このごろ豪雨とか土砂崩れが増えて、そういうものが流出し始めているっていうのが大きな問題になっています。

それともう一つ、沖縄に枯葉剤が貯蔵されていたという問題があります。アメリカの国防省は、ベトナムに枯葉剤が持ち込まれていたことはずっと否定していますが、とても皮肉なことに、つい最近も、ベトナム戦争時代に沖縄にいた米軍兵士たち21人に枯葉剤の被害が認められたんですね。すごく矛盾した話なんです。

スーパーマーケットに行くと、ラウンドアップとか除草剤が山ほど売られていますけれども、これはヨーロッパでは禁止されて、アメリカでも大きな訴訟になっている除草剤なんです。日本では大きな顔をして売られていて、多くの人が買っています。アメリカでは、ラウンドアップを使って病気になった男性がモンサントを訴えて、320億円という訴訟に勝っているんですね。そういうケースがあと5000件ぐらい、今も起きている。それにもかかわらず、日本では自由に売られているという。これも私たちの身に迫っている危険で、目を見開いて何とかしなきゃいけない問題だと思います。

——モンサントの問題を今説明していただき、すごく明確になったんですけれども、なぜ日本は優遇しているか不思議だなと。

坂田　やっぱり、企業の力がどこかで働いてるんじゃないですか、政治的な力が。そうとしか思えないんですよね。それを変えていくには、やっぱり市民の声を上げていかなきゃいけないんじゃないかと思います。

——それからもう一点は、ベトナムの方が今、日本に「技術実習生、技能実習生」としてたくさん入って来られていて、非常にがっかりして帰られるような状態について、また何かの機会で知れたらいいなと思っています。

桂　ありがとうございます。いや、ホントに私は一人のソーシャルワーカーとして、政治家とか経済を担う人たちに振り回されない、人間の命は地球より重たいということだけは訴えていかなあかんと思ってます。やっぱり、環境を破壊する最大の敵は、そういう私たちの無知なんです。ですからこれを機会に、ぜひダイオキシンとはなんぞや？　戦争とはなんぞや？　そういったことをみんなで考えていく。この映画を通じて、そういうことをグレッグさんは私たちに「考えていってくれ」って言ってはるんだと思って、いつも映画の力を感じます。

どうぞみなさん、いろんな本がいっぱい出ていますけど、騙されないようにしてください。そして、本当の真実は、自分の目で見て、感じて、考えることから始まると私は思っています し、この映画を作られた坂田さんのパッションはそこにあるんだと思います。そういう意味で、人の命が粗末に扱われている現代社会の中で、もう一度私たちは、どう生きていったらええのか、どう生きるべきか、何ができるか、何をしなあかんか、この3つを皆さん、どうぞこの映画を通じて、また、皆さん方の次の世代の人に伝えていただければと思って参りました。今日は本当に、どうもありがとうございました。

6 「ナパーム弾の少女」を追って

藤えりか

とう・えりか　朝日新聞記者。1970年生まれ。同志社大学法学部政治学科卒業。93年朝日新聞社に入社。水戸支局、東京や名古屋の経済部、国際報道部などを経てデジタル企画報道部。2011〜14年にロサンゼルス支局長を務め、移民・難民やマイノリティ、ハリウッド、テック業界や米国・ラテンアメリカの大統領選などを取材。ジャーナリズムや報道機関の存続を考えるため米マサチューセッツ大学MBAを取得中。

ベトナム戦争といえば、思い浮かべる写真が何枚かある。そのうちの一枚が、ナパーム弾を受けた少女が裸で一本道を一目散に逃げてくる写真だろう。あの写真から50年。戦争末期に生まれた新聞記者がこの写真に注目し、この少女のその後を追って一冊の本を出した。なぜ、今、「ナパーム弾の少女」なのか。藤さんの話を聞いた。

枯葉剤とナパーム弾を製造したダウ・ケミカル社

坂田　今日は、藤えりかさんをお迎えしています。藤さんはつい最近、『「ナパーム弾の少女」

五〇年の物語』（講談社）という本をお出しになりました。私は、この「ナパーム弾の少女」っていうのはもう過去のものと思っていたので、今、若い方が、こういう本を出されたということに非常に感銘を覚えています。

映画、いかがでしたでしょうか。ある映画祭で、「私の」映画を見た後のコメントで、「見た後に本当に気持ちが暗くなった。もうちょっと明るい映画を作れなかったんでしょうか？」っていうコメントがありましたけれども、まあ、つらくても見なければならない現実っていうのはあると思います。

藤 確かに、枯葉剤の被害というのはなかなか明るさを見出せない、本当に深刻な被害であるということを、改めて、映像でまざまざと見せていただいたと思っています。

私は、今ご紹介いただいたように、「ナパーム弾の少女」の取材をしました。彼女はナパーム弾で、全身の約3割に大火傷を負いました。ナパーム弾で、子どもたちをはじめ民間人がいっぱい亡くなっているわけですけど、たぶん枯葉剤との大きな違いは、ナパーム弾は因果関係がはっきりしている。枯葉剤については因果関係の疑いを突破できないっていうところが、より難しいなということを改めて思いました。モンサントなどとともに枯葉剤を製造したダウ・ケミカルはベトナム戦争中、非常に破壊力の高いナパーム弾を開発しました。これらの企業名をこの映画でまた目にして改めて思いましたが、戦争というともちろん国家の責任は大きいんですけれども、戦争と企業の責任も、改めてもっと考えなければいけないなと思いました。

坂田　そうですね。私、今回お会いすることになって、ダウ・ケミカルの本をもう一度読み直してみたんです。というのは、私、２０１２年に枯葉剤の第二作を作る時にアメリカにいまして、ダウ・ケミカルの工場のある下流で、「枯葉剤に含まれていたダイオキシンが垂れ流しになっていて、50年も経つのに住民の被害が続いている」っていうニュースを見まして、ダウ・ケミカルのお膝元の、ミシガン州ミッドランドというところに行ったんですね。そこには、ダウ・ケミカルの歴史をずっと追ってきている博物館があって、ダウは20世紀の初めに、臭素を作り始めて大成功したということを知りました。その後1965年にはナパーム弾を作り、ちょうど同じ頃に枯葉剤を作り、ますます大儲けをしたわけです。

それで、社の歴史を書いてある展示物の中に、当時の社長はナパーム弾を作ることに合意したことを本当に後悔しているとあり、そしてその後、１９６５年頃だったかな、枯葉剤の製造を頼まれて、これも本当に嫌々だったんだけども、国のためと思ってやりましたっていうふうに書いてあって。なんと欺瞞に満ちた言葉なんだろうと思いました。

藤　戦争が起きるたびに、どう考えても民間人をも殺傷するようなものが生まれて、それで戦争が終わると、その時に使われた兵器が、ある程度経ってから国連で禁止される。その繰り返しですよね。あとで禁止されても、その時に被害に遭った人を救う手段がなかなかないというのを、裁判の話でも改めて思います。

坂田　そうですね。それで、戦争中に軍事目的で作られたものが、戦後になると平和利用という名前で日常生活に入り込んでくる。それは、原爆が原子力発電になって私たちの生活に入り込んできたのもそうだし、あの、ダウ・ケミカルの博物館に行くと、まず最初にサランラップみたいなものがずらりと並んでいます。化学がいかに私たちの日常に入り込んでるかの象徴です。私は、できるだけサランラップを使わないようにしているんですけど、つい便利だから使ってしまう。

藤　サランラップを使わないのはなかなか難しいですよね。

坂田　難しい。今は方法があるみたいですけどね。布に蜜蝋を塗って、それを繰り返すとか。それをやり始めたけど、やっぱりサランラップが便利だなと思って。

藤　利便性に、マスとしてはなかなか勝てないというか。

坂田　勝てない、そうなんですよね。戦後、プラスチックの企業が興盛を誇るようになったのですが、その弊害っていうのが、本当に出ているわけですよね。

ベトナム戦争は物心つく前に終わっていた

坂田　藤さんは、ベトナム戦争の末期にお生まれになったんですよね。

藤　1970年に生まれました。ベトナム戦争は物心ついたら終わっていたという感覚です。80年代には小中学生でした。私は京都府の子どもだったんですが、京都って、特に当時の学校の先生方が平和教育や戦争の歴史教育にすごく熱心だった。中心は、太平洋戦争の日本の被害、加害というよりは被害だったりするんですけど、それを通して、戦争というものに関心を持ち、なんでこんなことが起きるのかと、子ども心にずっと思っていました。ベトナム戦争について そんなに詳しく教わったという記憶はないんですが、80年代になってアメリカが、白人米兵の目線でしかないんですけれども、ベトナム戦争を描いたハリウッド映画をどんどん作りましたよね。1978年には「ディアハンター」が出ていた中で、そういうものを観て、「太平洋戦争で勝ったアメリカが、こんなことになっている」という、このあたりも入り口になっていたのかなっていう気はします。

坂田 じゃあ、学校で習ったというよりも、映画で……?

藤 ベトナム戦争は正直、そんなに教わった記憶はないです。ただ、この「ナパーム弾の少女」の写真とか、沢田教一さんの「安全への逃避」とか、こうした写真は、副読本などで先生方も紹介していました。あと、インドシナ難民の受け入れは、リアルタイムで感じていました。私自身は直接の知り合いはいないんですけれども、嫌な記憶としてあるのは、痩せた生徒に対するいじめの言葉としてよく「難民の子」みたいに言うのがあったんですよ。それで、先生がすごく注意して、その時に、インドシナ難民について説明を受けたという記憶はあります。小学校の時ですね。

坂田 この「失われた時の中で」を見に来てくださる方の多くは私と同じ年代で、ベトナム戦争とか、ベトナム反戦時代を経験してらっしゃる方が多いんですね。ですから、その一世代も二世代も下の藤さんが興味を持っていらっしゃる、どういう見方をしてらっしゃるのかっているのはとても興味があります。

それで、「ナパーム弾の少女」の本が出たって聞いた時に、私は、なぜ今頃この本が出たのかなと思ったんですね。この写真はもちろん私たちの記憶には強く焼き付いているんですけれども、ベトナム戦争は日々遠ざかっていきますよね。なぜ、今「ナパーム弾の少女」について取材して、それを本にしようと思われたんですか？

藤　まずは、新聞の取材のため、あの「ナパーム弾の少女」、被写体の女性そのものに、10年前に出会ったことが大きいですね。私は２０１１年からロサンゼルス支局に赴任していたんですけど、その女性を撮影した、当時ＡＰ通信サイゴン支局の写真記者だったニック・ウトさんに、ロサンゼルスで出会いました。あの有名な写真を撮った人がＡＰ通信ロサンゼルス支局でまだ現役で、私と同じ任地にいると驚き、声をかけに行って挨拶をしたら、「来年、あの被写体の彼女、キム・フックがロサンゼルスに来るよ。取材に来る？」って言われて、「えっ、あの人が来るんですか」と驚き、お会いして取材することになりました。

「ナパーム弾の少女」の写真は私自身も教科書などで見ていて、大変な瞬間をとらえた写真だと記憶に焼きついてはいました。そこで思考が止まっていて、「その後について考えたことはなかったな」ということにハッと気付きました。報道って、戦争中の状況はたくさん報じても、戦場で被害に遭った人のその後は、追いかけるのが難しいところもあって、なかなか出てこない現状があります。それだけに、これは出会いだと思って、まずは彼女のその後について朝日新聞に何度か書いたんですが、取材すればするほど、何と波乱万丈の人生を送った人だろうって思いました。

彼女はアメリカでよく、ベトナム戦争被害の象徴として取り上げられるんですけど、ベトナムの戦後のひどさや、彼女が受けてきた監視、ベトナム政府にプロパガンダの道具として使われてきたこと、大学もやめさせられたこと、カナダに最終的に亡命した話など、アメリカですらあまり知られていない。それを語るのは、彼女たちと知り合った私に課せられた何かだと思って取材を続けていたところ、写真から50年の節目に、本にする話になったのです。今年(2022年)の6月が、あの写真から50年なんですね。

坂田　この写真のインパクトが強いので、それが撮影されるまでにどういうストーリーがあって、その後にどういうストーリーが展開していったかを考えることは、ほとんどないですよね。あまりに世の中、いろいろな写真に満ちているし。

一枚の写真から紐解く歴史

藤　そうですね。アメリカ人の友人に聞いても、インパクトが強すぎて、その後について考えたことがなかったと話していました。日本よりもこの写真をよく取り上げているアメリカでもそうなんだなと思ったのと、何か戦争というと日本では歴史として語りがちですけど、その象徴的な人が今目の前にいるのを見て、歴史が歴史じゃない、地続きの現在なんだっていうことを改めて思ったし、それを伝えたいなと思いました。

坂田　そうですね。私はご本を読んでいて、本当に、一枚の写真に隠された真実っていうのが、どんなに広がりうるものかと思ったんですね。ということは、一枚の写真に衝撃を受けるけれども、その奥にあるものっていうのは、私たちはいつも見逃してるんじゃないか、と。

藤　それを坂田監督は、いつも映像、動画で残されているわけですよね。

坂田　アプローチが違いますけれどもね。ですから、藤さんがこの本でなさろうとしたことと、私が映画でしようとしたことは、似ているところがあると思うんですね。それは何かって言うと、大きなニュースの文字の中に巻き込まれてしまって見えない個人のストーリーを、表に表すっていうことだと思うんです。私はキム・フックさんのことは知っていました。そのストーリーは知っていたけれど、こういう細々といろんな、悲喜こもごもの人生を送ってこられたんだなっていうのに本当に感心しました。

藤　映画に出てくる、水泳選手のロイさんが前向きに生きていく姿と、キム・フックさんがすごく重なる気がします。

坂田　ロイもタイニン省の出身なんですよ。

藤　あっ、そうでしたよね。

坂田　私、ロイくんがあんなに明るいのは、平和村でずっと育っていて、本当に幸せな子ども時代を送ったっていうことにもその大きな理由があるんじゃないかと思うんです。

で、キム・フックさんの取材をしてらして、途中で困難だと思ったこと、どんなことがありますか?

藤　ベトナム戦争の戦後の話をベトナム側で確認するのが、すごく難しい点ですね。いまだに、基本的に言論の自由がない国ですから、照合する記録が見つからない場合が多いという……。ハノイ支局を経験した同僚に聞いても、「難しいことが多い」と。あったと思った記事が、いつの間にかなくなったりすることもあるそうです。見つかっても、確実に正史であるかどうか分からないかもしれない。ベトナムはドイモイ政策以降、市場経済の導入も進み、観光地のイメージも強まっているけれども、まだそのあたりは変わっていない。だから、ベトナム視点からのベトナム戦争の語りが、まだ乏しいのかなっていう気はします。

南と北、東と西の狭間に生きて

坂田　そうですね。私は、枯葉剤問題を取材する時は、ほとんどハノイなんですね。ハノイにはいろんな官僚的なことがあるし、ハノイの政府筋の人に頼っていれば、ことに枯葉剤についてはあまり対立した意見もないのでスムーズにいきますけども、南と北では、やっぱり温度差がありますよね。昔も、もちろん北と南が分かれて戦争していたわけですけれども、その名残、その違い、国民性というか、民族性の違いみたいなものがすごくありますよね。

藤　南北、いまだに難しいところがあるようですよね。

坂田　キム・フックさんは南の出身ですよね。南北の違いについて何か言ったりしていますか？

藤　キム・フックさんはキューバ留学中に結婚して、その新婚旅行の帰りに、カナダの空港で決死の亡命をする。その結婚相手は北出身のベトナム人なんです。だからその意味では、彼女に、そういういわゆる北を一括りにした偏見はないんですけれども、お互いに、結婚する時に家族に反対されるんじゃないかなってずっと思ってた、と聞きました。

坂田　大きなニュースの渦の中にある個人の生活ですけれども、やっぱり大きな政治の渦の中で影響されてますよね。

私の第一作目の「花はどこへいった」っていう映画があるんですけれども、それが一番最初に一般に公開されたのが、キューバだったんです。

藤　なんと、キューバだったんですか。

坂田　ハバナの映画祭で上映されることになって、これはいい機会とキューバに行ったんですけども、考えてみると、ベトナムとキューバはとても仲がよくって、ベトナムはまだその頃は今のようにアメリカとも仲がよくはなかったし、大変貧しかったし。キューバとの線が太かったんですね。

藤 そうですね。同じようにアメリカに経済制裁された同士でもあった。

坂田 だから、そのキューバでの私の第一作目への反応っていうのは、すごくよくって、もう劇場内がしーんと静まり返って。私はそういう経験が全然ありませんでしたから、すごく感動した覚えがあります。

藤 ロサンゼルス支局時代、キューバも担当地域だったので行ったことがあります。キム・フックさんが留学した時のキューバって、経済がどん底だったんですね。86年から92年まで、一番ひどい時で物がない。だから、せっかくのキューバ留学でしたが、火傷痕でまだまだずっと体が痛い中で、物もない状態で大変だった。キューバは医療先進国なので、薬はないけれど医療は受けられた面はありましたけれども。

坂田 キム・フックさんの50年を追ってらして、どんなことが一番胸に突き刺さりますか?

藤 一番って難しいですけど、やっぱりカナダ亡命はすごいと思いました。ネットのない時代で情報がほとんどない中、東側から西側に亡命。冷戦の末期、ちょうどソ連崩壊まもない時期だったんですけど、当時、東側のモスクワとキューバの行き来では、給油のためにどこかに寄らなきゃならなかった。その代表的な空港が、西側のカナダにあったんです。彼女はその機に、新婚旅行からの帰り、カナダのニューファンドランド島のガンダー空港で、わずか1時間の乗り継ぎを使って、決死の亡命をしました。彼女自身は、社会主義のベトナム政府にプロパガンダの道具として利用され、いつも監視されていて、飛行機が着く2、3時間前まで夫にも計画を言えなかった。見通しもないなかでやり遂げたんです。

とにかく苦難の連続なんですけど、それでも明るく前向きに突き進む、あの強さにいつも感銘を受けるんですよね。一方で、これだけの大火傷を負ったので、そのトラウマにすごくいつも悩まされていた。兵士を見ても緊張、いつも悪夢にうなされていた状況も続いた中でも、あの明るさと前向きさと強さを保てたのは何だろうって。やっぱり勇気づけられますね。

許しても忘れるな

坂田 よくベトナム戦争の時にね、竹のようなしなやかさで彼らは生き延びてきているって言われましたけれども、ベトナムに行くたびに、あの小さな国が、あの大国アメリカにどうして勝ったんだろうってよく思うんですよ。

藤 フランスにもですよね。

坂田 なんで勝てたんでしょう。そういうキム・フックさんとかロイくんのような、芯の強さみたいなものがあるのかなと思うんですね。

藤 あれだけ外国支配が続いてきた中で、合理的な前向きさというか、なにかチャンスをつかんだらグッと前に進むというか、いい意味のしたたかさを、ずっと身につけてこざるを得なかったような気もしますね。

坂田　確かにチャンスをつかんで前向きに行くっていうのは、皆さんに言えるような気がしますね。で、今はアメリカとベトナムは仲がいい。モットーにしているのは、"forgive, but don't forget"、「許すけれども、忘れちゃいけない」という態度でアメリカとは仲よくしているわけですけどね。

藤　キム・フックさんも、よくその言葉を口にします。

坂田　だからベトナムでは枯葉剤の問題についても、本当に社会が一体となって助け合っていこうっていう姿が、とてもよく見えるんですね。

藤さんは、今後、どんなことに挑戦していきたいですか？

藤　私たちメディアは、戦争や紛争をはじめ、何かが起きるたびに報道するわけですが、「その後」は必ずしも報じられず、置き去りになることも少なくない。でも、戦争に終わりはない。それは、この映画を見ても、この本を書いても実感します。特に個人にとって、戦争がもたらす苦しみは終わりがなく、いつまでもつきまとう。そうした点も踏まえ、国家の抑圧と個人の自由についても取材を続けたいし、強調していきたいですね。また、企業のかかわりにも焦点を当てなきゃいけないなと思っています。

坂田　戦争の背後には、必ず誰かお金を儲ける人がいる。そして、夫がよく言っていたことで、

「戦争のそのものの写真は誰でも撮れるけれども、本当に大事なのは、戦争がどのようにして起きたか、そしてその後何が起きているかってことを見極めることだ」という言葉を最後に、今日の対談を終わらせていただきます。

藤　その言葉を胸に、これからも頑張りたいと思います。

7　オレンジ村の建設に向けて

鈴木元

すずき・はじめ　ジャーナリスト。1944年生まれ。共産党の立命館大一部学生党委員長、京都府委員会常任委員（専従職員）などを経て、かもがわ出版取締役、国際環境整備機構理事長などを歴任。著書に『異文化理解・協力の旅』（文理閣）など多数。

1964年からベトナム反戦運動に関わり、戦争終結後、障害児教育に携わる藤本文朗先生の「ベトちゃんドクちゃんの発達を願う会」を通じて、90年代から枯葉剤被害の悲惨さを見てきた鈴木元さん。現在は、ホーチミン市郊外に枯葉剤被害者の青年たちが働ける農場を建設するなど、ベトナムでの活動を精力的に続ける。

ベトナムの実態を知る

坂田　今日ゲストにお迎えしているのは、鈴木元さん。鈴木さんは、ジャーナリストなんですけれども、1990年代から枯葉剤の問題に関わっていらした方です。鈴木さんと今日は、枯葉剤の問題について私たちに何ができるかということを話していきたいと思います。
まず映画をご覧になってのご感想を聞かせてください。

鈴木　僕らぐらいの年代の人にとって枯葉剤というのは、ベトちゃん・ドクちゃんは、ほとんどの人が名前を知っていると思いますけども、そこで止まっているんですね。今日の映画にありましたように、実は今に続く問題だということが、ほとんど日本では知られてなかった。この映画がそれを知らせる大きな力になってるんじゃないかと思います。登場されたフォン博士とはずっと昔からの友達で、私たちの団体で、彼女を2回日本に招待して、京都、大阪、神戸で枯葉剤問題のシンポジウムをやりました。彼女に、日本の障害者施設を見学してもらったこともあります。

坂田　鈴木さんがそもそも枯葉剤の問題に関わるようになったのは、どうしてですか？

鈴木　我々の若い頃に、日本の沖縄も基地にしてベトナム戦争が行われ、沖縄から爆弾も枯葉剤も持って行っていました。我々の青春時代の最大の闘いはベトナム反戦、沖縄を返せということでしたけども、それは75年でいったん終わるんですね。その後に、藤本文朗という滋賀大学の障害児教育の先生が国際障害者年の年にベトナムに行かれて、そこで衝撃を受けるんです。その頃にちょうど、ベト・ドクが生まれているんです。障害者が生まれる最大の理由は戦争なんですね。

坂田　80年、81年か82年ですね。

鈴木　その時フォン博士がベト・ドク兄弟の担当医でした。彼らは双子の子供だったけど、背中がくっついて生まれました。だから、この子らの車椅子がなかったのです。なんとか日本で、この子らのための車椅子を作ってくれないかという依頼を受けて、藤本さんが日本のいろんな車椅子業者をあたって、富山県のある業者がそれを作ってくれるということになりました。そのお金がいるというので、「ベトちゃんドクちゃんの発達を願う会」というのを作られて、募金を集められて、その車椅子を贈呈されたわけです。

それで藤本さんに誘われて、ベトナムの実態を見にこないかというので、ベトナムへ行きました。当時は平和村のような立派な施設はなくて、子供を産んだけど育てる自信がない子をお寺の門前に置いて行ったり、教会の入り口に置いて行ったりしたのです。私と藤本さんと２人でずっと見て回りました。それはもう、悲惨な状態でした。平和村の子らは、ああいう施設の中で、お医者さんがいて、看護師さんがいて育てられています。しかし、お寺の本堂に１００人、２００人ぐらいああいう子供がいるのです。で、お坊さんが托鉢でお金を集めて来て、賄いのおばさんを雇って育てているというより、まあ、ただ面倒を見ているだけというところを何ヶ所もずっと見て回って。これはなんとかしなきゃならないというのが、私が枯葉剤問題を直接やろうとした出発です。

坂田　その頃は、障害を持った子供が生まれてきたのは枯葉剤のせいだっていうことは知られていたんですか？

鈴木　いや、映画の中でフォン先生が言われているように、彼女も最初は分からなかったのです。あのツーズー病院というのは南ベトナム最大の産婦人科病院で、彼女は若いお医者さんとして初めてあそこに赴任したんです。障害児が生まれてくる。が、なぜかよく分からなかった。ところが、アメリカの人が来た時に、アメリカでも同じことが起こっていると聞きました。これは枯葉剤の影響じゃないかというので、お母さんと子供から採血して、東ドイツに血液を送って調べた。そしたらダイオキシンの含有量が異常に高いというので、このダイオキシンがやっぱり原因じゃないかということになっていったのです。

坂田　はい。フォン先生に何度もお話を伺っているんですけれども、奇形児がたくさん生まれてこれはどうしてなんだろうと思っている中で、だんだんに、それが枯葉剤のせいだと分かってくる。それも何年かかかってですね。それは、どんなにかつらい経験だったかと思います。若い産婦人科医として出産に立ち会った時、奇形児の子供を初めて見て、もううわっと声を上げて逃げて行っちゃった。その時のお母さんの気持ちを考えると、本当に申し訳ないことをしたと今も後悔してらして、胸に刺さりました。

鈴木　ツーズー病院の地下室に、枯葉剤の影響と思われる、未熟児で死産した子供たちをホルマリン漬けにしたものがあります。そういう子供を研究するために彼女は、素人だったけれども、ホルマリン漬けにしたんです。そういう部屋があって、150体くらいかな。この世の地獄ですよ、あれ見たらね。

ところが、保存について必ずしもプロじゃなかったんですよね。だから最近、ダメになってきているんです。以前は、確かに150から200体くらいはありましたけど、今はもうダメになった分を処分せざるを得ないということになっているのです。

坂田　私は、第二作目の「沈黙の春を生きて」という映画で、アメリカ人の帰還兵のお嬢さんで、手と足を欠損して生まれたヘザーという女性と一緒にツーズー病院に行ったんですけれども、それがNHKの番組になったんです。そこで、そのホルマリン漬けの子供を見せるのかどうかっていうのが話題になって、これは刺激が強すぎるから見せないほうがいいんじゃないかっていう意見と、いや、これは事実なんだから見せたほうがいいという意見と、両方あったんです。私は、どんなに目を背けたくなることでも、見せるべきだと思うという意見だったんですけど、やはり、悲惨だからって目を背けていたらいけないこともありますよね。

被害の責任と補償の状況

鈴木　フォン先生らが中心になって、アメリカ政府と枯葉剤を作ったモンサントなどの農薬企業を相手に裁判をやったのですけども、結局、三回とも門前払いを受けているんです。あまり日本では知られていないですが、実際に枯葉剤を受けたのは基本的にはベトナム人だけども、アメリカ兵も、韓国兵も、オーストラリア兵も受けているのです。それが帰国してから結婚して、子供ができて、同じような問題が生じているのです。実は、アメリカ兵も韓国兵もオーストラリア兵も、裁判を起こしています。そして、全部門前払いを受けたのです。

ただアメリカでは、モンサントに対しての裁判では和解をして、今、和解の基金が出ているのです。韓国も断られたけれども、韓国政府を相手に「あなた方が我々を派遣したじゃないか」という派遣した責任というので裁判をして、これは勝ちました、同じように補償金が出ている。オーストラリアも、オーストラリア政府を相手に裁判して勝って、今、補償されている。結局、ベトナムだけが残されています。

坂田　本当に不公平なのは、アメリカ兵は補償をされるけど、同じ条件で病気になっても、ベトナム人は補償をされない。今、鈴木さんもおっしゃったように、三回訴訟を起こしているんですけども、全部門前払いだった。アメリカとしては、今、何百万人という被害者がいると言われていますから、自分たちの非を認めたらもう莫大な補償金を払わなければならないことになって、そうすると、戦争なんかできない国になっちゃうんですね。ですから、枯葉剤のベトナム人への人的被害は認めない。

アメリカは、土壌を汚染した責任は認めています。特に土壌の汚染がひどいのは、かつて米軍基地があったところなんですね。ダナンとかビエンホアって、とても大きな基地があったところで、ダナンの除染に関しては、もうほぼ終わりました。で、ビエンホアというすごい大きい基地に関しては、まだこれからなんですけれども、10年ぐらいかかってできるかどうか。それには、また莫大なお金がかかるわけですよね。
人的被害に関しては、私たちの責任じゃないけれども、人道的立場に立って経済的援助をしますよ、という。だから、１９８４年に退役軍人たちがモンサントとかダウ・ケミカルを訴えて、それも示談で終わったんですが、結局、お金は払うけれども私たちの責任じゃないという、責任の所在がはっきりしない、後味の悪い解決方法だったんですよね。

鈴木　日本軍が、中国の東北地方で毒ガス作戦をやろうとしていましたが、戦争に負けた時、どさくさ紛れに持って帰れないということで、穴を掘って埋めて行きました。ところが農民たちが農作業をしようとした時、中の鉄が錆びて傷んできているから、毒ガスが出てきて、被災者が出ました。これは、日本政府が補償金を出していますけれども、同じく今言われたようにアメリカも、逃げる時に、枯葉剤を持って逃げられなかったんですね。それで結局、どさくさ紛れに米軍基地の中に穴を掘って、そこに埋めたのです。
それが今、ベトナムはそこを団地とか工業団地にしようとするんですが、枯葉剤による汚染問題を抜きにしてはできない。あれだけ大規模な空軍基地はいらないというので縮小したり、アメリカと交渉して、アメリカが元の米軍基地に埋めた枯葉剤の除染については、責任をもって処理をするということで合意して、ダナンは終わったんです。次はビエンホアということになっている。一つの基地を片付けるために、日本円でいうと５００〜６００億円かかるんです。大変なことだと思います。

坂田　沖縄の基地にもたくさんの枯葉剤が保管されていたのに、アメリカ政府は、沖縄に枯葉剤を持ち込んだことは一度もないと主張しているんですね。ところがつい最近、沖縄にいた21人のアメリカ兵が癌を発症したケースで、アメリカが枯葉剤との関係を認めて、補償することになったという、非常に矛盾した話が明らかになりました。枯葉剤の問題っていうのは、遠いベトナムで遠い昔に起きた話じゃなくて、私たちの生活に、今も密接に関係しているんです。

オレンジ村の活動

坂田　鈴木さんたちは今、枯葉剤被害者を支援するオレンジ村というプロジェクトに関わっていらっしゃる。それについてちょっと説明してくださいますか?

鈴木　ツーズー病院の中に、映画の中に出てきた平和村という、お母さんが逃げて行った子供らを引き取って育てる場所があるんですけども、ドイモイ政策で資本主義がどんどん導入される中で、ああいう病院も独立採算制が求められています。そうすると、病院の少ない予算で平和村を維持することについて、政府の方は予算カットしたいんです。それに対して枯葉剤協会が、全国11ヶ所の主要な街に、枯葉剤の被害者の治療とリハビリと職業訓練と、職業訓練に耐えられない子の療育施設という総合施設を作ろうというのがオレンジ村構想です。既に2017年の12月に、ハノイにはできあがりました。次はホーチミンを計画していて、フォン先生らが日本に来られて、私だとか藤本さん、ベトナムに長く入っているお医者さんの尾崎望さんらに、このオレンジ村をホーチミンに作るのに何らかの支援をしていただけないかという申し入れがありました。そこで、オレンジ村日本委員会というのを立ち上げて、その応援カンパを集めたり、フォン先生らを招待したり、シンポジウムをやりましょうということになりました。

私は以前から、中国とかモンゴルでいろいろな国際協力事業をしていたので、JICA(日本国際支援機構)に対して申請をして、オレンジ村で障害者の青年たちに対して農業を教えて、社会参加、自立できるようにするプログラムを応援してくれと依頼しました。1000万円の契約で、今年と来年にかけて、オレンジ村の中で農園を作って、そこで農業技術者が彼らに農業を教えるというプログラムです。来年(2023年)の一月から障害者青年を募集して、半年間、農場で教育するというプログラムを今やろうとしています。まず半年間は、実験農場で教育を受ける。その後は、本格的な農場建設を進める予定です。

ハノイの施設は建物が10棟あります。一つは、知的障害のない子たちに対して、パソコン学校を作ってパソコンの能力を身につけ、仕事をできるようにする。それから、女の子たちに対しては、縫製の施設を作って、そこでいろんな縫製作業をして就職できるようにする。もう一つは、ハノイでも農場をやっています。10棟ですから、ベトナムのお金にしても、やはり1億数千万円はかかっていると思います。土地は政府・軍が提供していますから、土地代はいりませんけども。

坂田　私は２００４年に取材を始めたのですけれども、ベトナムの様子を見ていて、その頃はあまり組織立った支援っていうのはなくって、どこにどういう被害者がいるかっていうのも政府は把握してなかったんですね。でも、この20年の間に、枯葉剤被害者の会は本当に地方に組織を広げて、どこにどういう被害者がいるかっていうことを洗い出して、その地域に支援センターを作っているんです。鈴木さんがおっしゃったハノイのセンターにしても、これからこういうものを作るよっていう話を聞いて、なんか夢物語みたいで、できるのかなって思ったんです。けれども、何度も行くうちにそれがどんどん実現していって、ベトナムの人たちっていうのは、やるって言ったらやるんだなと思いました。

鈴木　それと、ベトナムはフランスの植民地だったこともあって、寄付文化があります。日本人はあんまり寄付をしませんけど、寄付文化が定着しているんですよ。ハノイの施設も10棟ありますけど、一つひとつが全部企業の寄付で、そういう寄付者を組織することによって、あっという間にあのハノイの施設ができあがりました。たぶん今ホーチミンでも、そういう寄付文化を活かそうとしています。これにはいい面も悪い面もあって、政府が責任を持たないという良くない点もあるんですけどね。もう一方で、そういう文化的伝統もあります。

坂田　そうですね。本当にびっくりするほどベトナムの経済発展はめざましいものがあり、貧富の差はすごく広がっているんですけれども、ある意味では、すごく儲かった企業が慈善の寄付をするっていう温かい面もありますよね。

鈴木さんがずっと何十年も見てらして、被害者は減っていると思います、それとも？

鈴木　これはね、まあ結果的には減っているでしょう、と思いますよ。それはフォン先生が映画の中でも言っているように、以前だったらそのまま生まれた障害児が、今だったら、エコーで胎内にいる時に分かるようになりました。彼女はそういう場合、積極的に中絶を勧めます。だから、障害を持って生まれる率は減っていると思います。胎内にいる率はどうかというのは分かりません、僕には。だけど、生まれた子の数は減っていると思います。

坂田　そうですね。医療も発達してきているしね。私が印象に残っているのは、脚を欠損した子が２人出てくるんですけども、彼女と彼が、心から明るい人生を送っているっていうのに、ホントに感動します。それができるのは、やっぱり平和村で看護師さんとか先生たちが、本当に優しく、分け隔てなく接してきたからなんだなと思うんですね。で、あれだけ障害のある子供たちもみんなね……なんか平和村の子供たちって、不幸そうじゃないですよね。

鈴木　そうですね。

坂田　平和村がなくなっちゃったら、今度彼らが行くところはオレンジ村なので、オレンジ村の建設に、皆さんのご支援をよろしくお願いしたいんです。それで私は、この十数年の間に、「希望の種奨学金」っていう奨学金制度を始めました。障害は持っているけれども、いろんな才能を活かして自立できる子供たちもたくさんいる。だけど、家が貧しいので学校に行けない。そういう子供たちは、ひと月に２５００円あれば人生を変えることができるっていうことを知りまして、そういう奨学金制度を始めたんです。10年間の間に1000万円くらい集まって、100人以上の子供を支援してきたのですけれども、今日も募金箱を持ってきていますので、よろしかったらどうぞご支援を。いただいたものは、半分はオレンジ村の資金に回します。

ベトナムがいくら豊かになったといっても、私たちにできることは、まだまだありますよね。

8

絶望を希望に変えて

加藤登紀子

かとう・ときこ　1943年ハルビン生まれ。1965年、東京大学在学中に第2回日本アマチュアシャンソンコンクールに優勝し歌手デビュー。80枚以上のアルバムと多くのヒット曲を世に送り出す。夫・藤本敏夫が手掛けた千葉県「鴨川自然王国」を子供達と共に運営し農的くらしを推進している。

登紀子さんには、一作目の「花はどこへいった」のパンフレットに感動的な感想文をお寄せいただいたのがきっかけで、今までの私の5作品全てに、ナレーション、ご寄稿、対談などの形で関わっていただいている。お話しするたびに、なんと柔らかい感受性をお持ちの方だろう、と感激する。私が映画製作を続けてこられたのは、登紀子さんの支援によるところが大きい。

悲しみを乗り越えて

坂田　今日は特別なお客様をお迎えしていまして、加藤登紀子さん。本当にお忙しい中、時間を作ってくださって、いらしていただきました。登紀子さんは、もう、ずっと私の映画を応援してくださって、あの、お話をさせていただくのを楽しみにしています。登紀子さん、どうぞ。

加藤　こんにちは。最初の「花はどこへいった」からずっと全部拝見してきて、今日この中では語られてませんが、核の問題も取り上げて、長い間、撮り続けてきた坂田さんに、心からの敬意を表したいと思います。

坂田　登紀子さんの支援が、本当に私に力を与えてくれました。2008年に初めて作った映画のパンフレットに、登紀子さんが寄稿してくださった文章を読ませてください。

「誰もいない深夜の部屋でこの作品をDVDで見ました。訥々とした語りからは、夫を失った一人の女性の青春と悲しみが伝わり、カメラを持ってベトナムへ渡ってからの衝撃の場面からは、戦争の傷の残酷さと、小さな命への溢れる愛おしさが、心臓から送り出される血のように、どくどくと私の体の中に入ってきました」

これは、私が映画監督になりたての頃の登紀子さんからのエールで、本当にありがたかったです。今読んでも、本当に心が打たれます。

加藤　やはり、坂田さん自身が語っていらっしゃることとの素晴らしさがあると思います。

二作目は、私がナレーションをしたんですね。その二作目の一番最後に、とても大事なメッセージがあるんです。枯葉剤の影響で盲目になった少年が一絃琴の奏者となり、アメリカ人の障害を持って生まれた女性と巡り合って、「あなたの悲しみのために私は演奏します」と言って、「アメイジング・グレイス」を演奏するシーンがありました。その時に彼が言った言葉がすごく強烈で、素晴らしかったんです。「私は今、とても幸せだ。どんなにか悲しんできたかもしれないあなたのために、今、こうやって演奏することができている。この今の僕の幸せは、長い時間、苦しみを乗り越えてきた者にしか分からない喜びだと思います」と彼が言った。

世の中を見る時に、半分はなんと恐ろしいことになってしまったのかという絶望の気持ちに囚われる一方で、そんな私たちが、心の奥に持っている悲しみとかよりもはるかにすごいものを越えてきた人がここにいる、なんと彼らは素晴らしいんだろうかっていう二つの思いに囚われます。

今回の作品の最後は、グレッグの言葉になっていますけれども、私たちは、戦争を見つめる時に、戦争の前、戦争の後、それをちゃんと全部見ていかなくちゃいけない。私たちは限りなく戦争を続けているわけですけれども、だんだんこれが、見えなくなっていくっていうんですか、戦争が始まった時の驚きがいい加減なものになっていって、なんだか訳がわからないようなものになっていくっていうのも、今ありありと経験していると思うんですね。

坂田　確かにこの映画は、絶望的な状況を撮影しているんだけれども、どこかに希望がある。私は、撮影を始めた頃からからそう思ったんですけども、あの、とても重篤な障害を抱えた子供とか、貧しい家族がね、お互いに愛し合いながら、慈しみ合いながら生きている姿を見て。最初に撮影に行った時、私は悲しみのどん底にいたんですけども、こんなに家族愛に恵まれて羨ましいという気持ちと同時に、力をもらってだんだん私自身が癒されてきた。最初の取材に行ってから20年なんですけれども、そういう20年でしたね。

混迷する時代に生きて

加藤　今、障害を越えて生きている人たちの素晴らしさを見て本当に思ったのは、人間はいろんな意味で科学技術も進歩させて、戦争の手段も、エネルギーの手段も、生産の手段も、ありとあらゆる意味で、恐ろしいほど技術を伸ばしてきたわけなんですよね。殺戮、戦争という場での破壊力も凄まじいものになってしまった、核の問題も含めてね。何が本当だか分からないような食生活の中にも生きていますし、私たちの命は、とても危険なものに晒されているわけなんですね。だけど、とてもすごいリスクの上に生きている、科学技術を進歩させてリスクの高い社会を築いているのであれば、モラルがもっと高度にならなきゃいけないんですよ、本当はね。

だから、「悲しみを乗り越えてきたことによって、僕はとても大きな幸せを今、手にしています」というふうに言った、ベトナムの障害を受けた彼の中にある、そのモラルですよね、ある意味で崇高なそのモラルを大切だと思います。その被害に遭わなかった私たちは、それに等しいだけのモラルの高さを、手にしているのだろうか？　利益を優先させるアメリカの企業や政治家が、この枯葉剤の影響を認めてしまうと大きな損害に結びつくから、断固として認めない。これは、ある種アメリカ的なモラルなんですよね。利益追求のモラル。

坂田　利益追求にもモラルがあるんですね。

加藤　利益追求のモラルというものの卑劣さというか、そういうものと、あらゆるリスクの中で生き抜いた人たちのモラル、この落差を私は、もう本当に、坂田さんの映画で教えられた気がします。

日本の農業と農薬

坂田　そうですか。いや、ありがとうございます。

あの、二作目の登紀子さんがナレーションをしてくださった映画の中で、もう一つ大切なのが、レイチェル・カーソンの言葉だったんですね。「化学物質は、放射能と同じように不吉な物質で、世界のあり方、そして生命そのものを変えてしまいます。今のうちに化学薬品を規制しなければ、大きな災害を引き起こすことになります」。これは1960年頃のことなんですけれども、本当にあれから60年経っても、いまだに同じことが行われている。

加藤　日本で、農業が大きな転換点を持ったのは1962年です。化学肥料を大量に投入し、農薬を使う農業に転換したんです。62年ですよ。だから日本とアメリカが60年安保という軍事同盟を結んだということは、ありとあらゆる意味で、アメリカの命令に従わなければいけな

いっていうことで　それは、農業問題にも及んでいるわけ。

私の夫は学生運動から農業の問題にシフトして、70年代半ばに、農薬による農業の被害ということに対して、無農薬の産直の運動を始めました。日本には、有機農業って言葉はそのころなかった。で、有機農業研究会っていうのを立ち上げた人たちがいるんですね。つまり、日本の農業は完全に化学肥料と農薬を使う農業に代わってしまったので、これは大変だということで、後追いで、なんとかしてこれまでの農業を残さなきゃいけないと。農薬を使った農業とは違う農業があるんだということを主張するために、有機農業という言葉を一つの表現手段として作ったんです。

有機農業は以来ずっと維持されてきた。今、政府は当たり前のように有機農業を認めるようなフリをし始めましたし、90年代末には、農業基本法も変えたんです。その基本法では、有機農業への転換も明記しています。でも62年の農業基本法では、農薬を使用しましょう、大規模化して化学肥料を使いましょうっていうふうになったんです。徹底的にやったんですよ。農薬を使わない農産物を探して歩いた時に分かったのは、農薬を使わない有機農家が一軒でもある地域に、政府は補助金を出さなかった。そのぐらいの強制力をもって、日本の農業を変えたんですね。そのくらい、国の政治っていうのは、一般の人が知らないところですごい力を持っているんですね。

その後、福島第一原発が１９７１年にできた。その時に何があったか？　アメリカでスリーマイルの事故があって、これ以上はやばいねっていうことになって、アメリカでは原発の新規建設が停まった時期があります。その時期に、どっと日本に原発が入ってきたんです。

この映画の最後にフランスでのアメリカの化学企業に対する裁判の話がありますが、アメリカという国のモラルのあり方、これは、この映画の大きなメッセージとして残ると思います。これは、核の問題も含めて、戦争というものに対する向き合い方も含めての大きなテーマだと思いました。

枯葉剤を製造した企業の責任

坂田　ケネディが『沈黙の春』の出版後、62年にアメリカでの農薬の使用は止めたけども、ちょうどその頃に枯葉剤の散布が進められているんですよね。だから、私見で、証明することはできないけれども、きっと農薬会社が、余っちゃった農薬をどうすればいいか、販路をアジアに求めた。それはタバコの産業もそうですよね。タバコが危険だってストップされかけた時に、中国とかアジアにすごくアメリカタバコが出てきた。あの、モンサントっていうのは、除草剤ラウンドアップを作っていて、ヨーロッパではラウンドアップは禁止されているし、アメリカでも大きな訴訟になっていていろいろ問題になっているけど、日本はどんどん輸入していて、スーパーなんかに行くと、たくさんラウンドアップがありますよね。

加藤　そうですよね。日本はね、遺伝子組み換えではけっこう抵抗したんですよね。だいぶ挫折しちゃってるけど。でも、やっぱり農薬の基準はすごく甘いみたいですね。あと種子の問題ね、種。種がやはりモンサントの独占になってて、もう種子を自家採種するっていう農業は、本当に日本なんかでは減ってしまっています。

亡き夫からのバトンを受け継いで

坂田　私の夫が病床にあって、あと数日しか命がないという時に、たまたま本屋さんに行って、『青い月のバラード』って登紀子さんが書かれた本を読んだんですね、病床の脇で。その頃私は、藤本さんが亡くなったことも知らなかったし、登紀子さんとこんな親しくなるなんて思いもよらなかった。でも、あまりに状況が似ているので、本当に引き込まれて読んだんです。それで私は、夫は亡くなっても、夫の影響で映画作りを続けているわけですけれども、登紀子さんも藤本さんの影響っていうのはずいぶんありますか？　お仕事を引き継いでやってらっしゃる？

加藤　あの、影響っていうかね、彼が学生運動のリーダーだった時は、歌手として手伝えっていうのが最初のきっかけだったんです。私も学生運動を経験して、ある意味では、政治的にできることの限界みたいなものに絶望して歌手を選んだので、歌手を安易に政治に利用するのは私は好きじゃないというふうに言ったら、それを彼がすぐ分かってくれる人だったので、仲良くなったんですけど。結果、彼の場合、まあ刑務所に入って、人生を見直す時間がいっぱいあったし、勉強する時間があったので大きく方向転換できたと思うんだけども、農業の問題に入っていったんですね。その時に、一緒に農業をやろうって言われたんですが、やっぱり、私には私の世界があるので、舟は二つにしようということにしました。彼の農業、今も私たちが受け継いでいる自然王国というのを鴨川に作ったんですけどね。その時は、さんざん話し合ったんだけど、ついて行かなかったんですよね。私は東京に残って歌手を続けましたし、子供も東京で育て、行ったり来たりっていう二拠点生活でした。

亡くなった後にそこを受け継ぐ決心をして、その時にふっと思ったのは、不思議なもので、夫婦っていうのは、まあ、一緒にいる時は面倒臭いものなんです。考えてみると、そっちが今何をしているか、どこで何をしているかも全部責任を取らなきゃならない、社会的にはね。だから、そう放っておけないし、だからといって干渉しすぎてもいけないし、そういう存在なんですよね。だけど、ふっといなくなってしまった時に、私は半分しか生きていなかった。やっぱり、こっちから半分はね、彼がやってくれている。だから私は、こっちの半分だけやればいいんだってふうに思っていたんだなっていうことに気がついたんですよ。別々に生きていたっていうことによって、より鮮明にね、私は半分を失ってしまったわけです。だから、皮肉なことに、彼が死んでから私は鴨川自然王国を受け継いだんです。

でも、彼が孤軍奮闘していた鴨川の家とか、いろいろどうにかしていかなくちゃいけないと思って、大掃除をしながらね、もう本当に、床に突っ伏して泣きましたね。どうして、もう少し早く一緒にやるっていうふうにできなかったのかなとか思いましたけれども、まあ、バトンっていうのは、その人が手放した時にしか受け取れない。私は歌手をやりながら農業はできないわって言ってたんですけれども、今、娘のＹａｅが、歌手をやりながら農業をやっています。そのＹａｅも言ってましたね。「パパがここで、今元気だったら、きっと私は来てないだろう」。今日の映画の中にもね、グレッグが座っていた場所が空席になっているっていう象徴的な映像がありましたけど、ここにいるはずの人がいなくなったということは、そこを誰かが受け継がなきゃいけないので、そこから始まることってとても大事だと思うんですよね。

この劇場でこの映画の一つ前、中村哲さんの映画が上映されていましたが、私も『哲さんの声が聞こえる』っていう本を書きました。その中にも今と同じことを書かせていただいているんです。２００１年、２００２年にアフガンの爆撃があった。人が一番困っている、つまり干ばつが大きくなって世界中が援助の手を差し伸べなければいけない状態にいる人たちに、爆弾の雨を降らしているということで、哲さんが大きな声を上げましたね。そのことに共感して募金をして、２００２年に初めて、私は哲さんに会ったんですよ。それが私の夫が亡くなった年で１月だったんですけど、夫がいる最後の正月を、これが僕の最後の正月だなっていう、それを経験したすぐ後、哲さんとの出会いがあった。哲さんは、２００２年に息子さんを亡くされてるんですね。このことも、哲さんが亡くなって本にしようと思い詳しいことを調べるまで、私は知らなかった、哲さんと何度もお会いしているのに。2002年というまさしくその年に、脳腫瘍で息子を亡くした哲さんの、アメリカの爆撃の下で目の前の命を、もうどんなに危険でも助けるっていう行動は、とても強烈に私の中に残りました。あの真っ只中で彼は、死に行こうとする息子をそばで守れない、遠くに思う父親だったたっていうことがね。

人が生きるっていうことは何かって？　この映画を通して、生きるっていうことは何かっていうことを考えさせられます。つまり、この世を去っていく人がたくさんいるわけですけど、いずれは死ぬんだからっていう言い方もあるかもしれない。いずれは死ぬ。でも、いずれは死ぬんだけれど――私なんかは、もうそろそろ考えなきゃいけない年になっている――だからこそ、じゃあ、生きるって一体なんだったのかっていうことをとても強い思いで伝えなきゃって、今、思っています。今年はウクライナの戦争もあったし、いろんな意味で、若い人たちも、人間が作っている世の中って一体なんなんだろうっていうことを少し、気候変動の問題も含めて考え始めている年かもしれない。本当にたくさんのことを、若い人たちにも伝えたいなって思います。

坂田　最後に、最新のCD「果てなき大地の上に」込めた思いを語っていただけますか？

加藤　このCDの売り上げは日本チェルノブイリ連帯基金を通してウクライナの被災者に届けています。……あの、今うっかりウクライナを支援すると、ウクライナに武器支援することになっちゃったりするじゃないですか。戦争は勝つまでやるんだっていうことで、続けることに正義の旗が立っていますよね。だけど振り返ってみると、例えば日本の戦争でも、なんでもっと早くやめなかったのか。どうせ負けるんだったら、もっと早くちゃんと負けておけばよかったのにって思って。今頃になって、夜、ガバって起きて眠れなくなるほど腹が立つんですよね。ヒットラーが死んだ後、ドイツが降伏したあの1945年5月7日。そこがもう運命の分かれ目だったわけですよ。ドイツが敗北した時にはもう、日本は負けたも同然だった。だけど日本は、そんなこともわかっていながら最後の一人まで戦うんだっていう、そんな馬鹿な戦争をしていたわけです。もし、もしですよ、ヒットラーが自殺した日が敗戦だったら、沖縄戦もなかった。原爆もなかった。7月16日の原爆実験も止めることもできたかもしれない。世界が大きく変わったでしょう。

今、ウクライナとロシアの、どっちが正しくて、どっちが悪いかっていう議論は、もちろんみんなしています。ただ日本はアメリカの軍事同盟国なんで、日本の社会の中では、ロシアが敵であることに決まっているんですね。まあ、NATOですからね。日本は今、戦争中なわけなんですよ。だから、日本の報道は、大本営発表であるというように思っていなくちゃいけないと思うんですよね。どんな戦争もそうですけれど、特に今ロシアとウクライナの戦争は、アメリカの思惑、戦争をどう長引かせて、これを利益につなげようかという思惑にかかっていることは歴然としています。戦争が起こっている時には、あらゆる人が被害者です。あらゆる人が被害者であって、加害者なんですよね。だから、一刻も早く終わってもらわないと、この戦争をしている間に世界がどう変わってしまうのかっていうのが、今とっても心配です。どこで終わるかによってその状況が変わる。核の問題も今、大きな岐路に立っていると思いますね。もう、本当に恐ろしい時代に生きているなということを、自覚しなきゃいけないと思うんですけど、時間がない。

寄稿

「失われた時の中で」を見て

加藤登紀子

映画の終盤で語られたグレッグさんの言葉が、心に残りました。

「絶望的な状況でも絶望しない力が私たちにはあるのだ。よりよく知ることで世界を変えることができる。」

そして「戦争のアクションは誰だって撮れる。本当に難しいのは戦争に至るまでとその後の人々の生活を捉えること。」

ロシアのウクライナ侵攻によって、再び戦争の悲劇を突きつけられる日々の中で、坂田雅子さんの新しい作品に向き合うことになり、改めてベトナムで起こったことを振り返る大切さを感じました。

何より心を揺さぶられたのは、枯葉剤の被害を浴びながらも、大きな困難を乗り越えて生きようとしている人たち、強い意思に支えられながら、これまでの人生を生き抜いてきた人たちの、真っ直ぐな姿でした。

戦争というものが一体何を残したのか、その傷跡がいかに過酷なものであったか、そして人々はその悲劇を全身で引き受けどう生きてきたのか、それを追い続けてきた坂田さんの深い思いと行動力に感嘆しています。

坂田さんが、夫であるグレッグさんを亡くしてから、彼の早すぎる死を確かめるために、ベトナムを訪れた最初のドキュメンタリー映画「花はどこへいった」（２００８年）から私はずっと坂田さんの記録映画を観てきました。

２０１１年、二作目の「沈黙の春を生きて」にはナレーションで参加させていただき、世界の核被害を追いかけた三作目の「わたしの、終わらない旅」、四作目の「モルゲン、明日」も、確実に今、問わなければならない「核」問題を突きつける素晴らしい作品でした。

戦争が残した傷跡だけではなく、目には見えない「核」の日常化にも警鐘を鳴らしてきた十数年の足跡。

五作目の「失われた時の中で」では、枯葉剤の影響による健康被害の責任をアメリカがまだ認めていないという衝撃的な事実、それを世界に問うために続けられている裁判について伝えています。

....

2022年、ウクライナ戦争の中で、解決のつかない恐ろしい状況に、今の世界が踏み込んでしまっていることに私たちは気付かされました。

1986年4月26日に事故を起こしたチェルノブイリ原発が再び戦場になった時には、今もこの原発が一瞬の油断も許されない危険な状況にあることを思い知らされ、戦争が長引くことによって、この戦争がベトナム戦争と同じように、アメリカとロシアの代理戦争になだれ込んでいく危険性も見えてきました。生物化学兵器や核の使用にまで言及されるようになり、人類は、これまでの幾多の戦争や危機の経験があるのにもかかわらず、その恐ろしさを学んでいないことに唖然とします。

ウクライナとロシアの深い関わりと対立の歴史を振り返り、和解の道はどこかにあった筈だと、歯軋りするような思いで見つめる中で、ひとつ浮かび上がってくるのが、あのソ連崩壊の頃のことです。

ソ連でグラスノスチ（情報公開）が進み、それまでのさまざまな共和国への抑圧からの解放が進められ、ついにソ連が崩壊し東欧諸国の独立が進み、ワルシャワ条約機構が消滅した後、それまで対立軸としてあったＮＡＴＯはどうして解散しなかったのかという疑問です。

アメリカとヨーロッパ諸国は、ロシアを仮想敵にしたままの軍事包囲網をその後も持ち続けてきました。そのことが今回の紛争の一因になっていることは間違いありません。

何百年も、何千年も、同じことを繰り返してきた悔しさに、もう絶望しそうになります。でも、グレッグさんの言葉のように、私たちは生きている限り、希望でなければなりません。私も歌手として坂田さんのメッセージに答えて希望を歌い続けなきゃと、心の糸を引き締めています。

どんなに分断の悲劇が続いても、それを繋げてきたのは、生きるためのひとりひとりの必死の努力。生きているかぎり、私たちは希望です。

あとがき——絶望を希望に変えて枯葉剤被害に向き合うベトナム

2023年10月、久しぶりにベトナムを訪れ、初めて南部のクチ省に足をのばした。ホーチミン市から北西に1時間半ほど行ったところで、ベトナム戦争時代は激戦地だった。ベトコンがアメリカ軍と戦うために地下に掘ったトンネルのネットワーク、クチ・トンネルの話を聞いたことがある読者も多いかもしれない。竹や身近なありあわせの道具を使って作った地下壕に隠れ、近代兵器を駆使して戦う大国、米国に、最終的には勝ったベトナム人の強靭さや気質の象徴とされるところだ。地下のトンネル網は深いジャングルに覆われていて、ベトコン・ゲリラの隠れ場所だった。

米軍はこういった状況に対処するため、大量の枯葉剤を撒いた。枯葉剤には猛毒のダイオキシンが含まれ、300万人以上が影響を受けたと言われる。

この地方には今も多くの障害者がいて、私たちが訪ねたある慈善家が経営する施設では、160人もの重い障害を持つ人たちが、たった12人のスタッフに世話をされていた。20年に渡り枯葉剤被害の実態を見てきた私にも、今までで一番悲惨な、目を覆いたくなるような光景だった。

隣接するホーチミン市は急速に経済発展を遂げつつあり、高層ビルはますます高く林立し、高級ブティックが立ち並ぶ街は若者たちの熱気にあふれているが、枯葉剤の被害者は繁栄の陰に取り残されている。

日本の潤沢で平穏な世界に戻ると、あの時見た情景は現実なのだろうか、と疑ってしまうほど、かけ離れた世界が同時に存在する、まさにパラレルワールドだ。日本から飛行機でひとっ飛びのところに、このような現実があるとは思いもしない。

夫の死をきっかけに枯葉剤の問題に目を開けられた私は、映画の上映を通じて戦後も生まれ続ける障害児を支援する奨学金を始め、寄せられた支援金で、今までに150人以上の子供たちが教育や職業訓練を受けて自立するのを手伝ってきた。今回の旅では、筆舌に尽くしがたい悲惨さを見るとともに、心温まる希望も見てきた。

34歳のヒエンさんは大学に行けたおかげで、今はオンラインでIT関連の先生をしている。20歳のリンさんは大学でエンジニアリングを学び、車関係の仕事に就くことを願っている。ホーチミン市の平和村で出会った、手足を欠損して生まれたホアンさん、ロイ君はそれぞれに結婚して健康な子供たちと、貧しくはあっても幸せな家庭を築いている。

夫を亡くした悲しみが原動力になった2008年の映画「花はどこへいった」の終章で、私はこう結んでいる。

「どこか土深いところで希望の種が芽吹こうとしている。この種は大切に育てなければならない。なぜなら、それはとても壊れやすいものだから。」

ベトナム戦争が終わって50年たつ今も消えない戦争の傷跡の中からも、希望の種は少しずつ芽生えようとしている。ベトナムの人々のしなやかな、竹のような強さに学ぶところは多い。

私が映画を作るようになったきっかけを与えて下さったシグロの山上徹二郎さん、今はなくなってしまったが、上映の機会を与えてくださった岩波ホールの皆さん、配給・宣伝に尽力してくださったリガードの西晶子さん、編集者として、私の作品に息を吹き込んでくださった大重裕二さん、英語訳、そして映画の内容について、数々のアドバイスをくださったジャン・ユンカーマンさん、そのほか多くの方々に助けられて、全くの素人だった私が、曲がりなりにも映画の世界に足を踏みいれ、様々な経験ができたことに深い感謝の念を捧げる。

対談の文字起こし、そして出版への足がかりを作ってくださった阿部海さん、原稿を読んで出版に踏み切ってくださった花伝社の佐藤恭介さんにも随分助けて頂いた。

フランスでの裁判の取材とフランス語の翻訳はパリ在住の飛幡祐規さん、カトリーヌ・カドゥーさん両氏の卓越したフランス語と日本語の知識に負うところが大きい。

枯葉剤によって、大きく人生を変えられた人々の勇気ある証言の数々に心から感謝し、これらの証言を伝えることによって、少しでも戦争や環境破壊の歯止めになることを願う。

何よりも私をこの道に導いてくれた、亡き夫、グレッグ・デイビスにこの本を捧げたい。

坂田雅子（さかた・まさこ）
ドキュメンタリー映画監督。1948年、長野県生まれ。AFS交換留学生として米国メイン州の高校に学ぶ。帰国後、京都大学文学部哲学科で社会学を専攻。京都に滞在していたグレッグ・デイビスと出会う。1976年から2008年まで写真通信社に勤務および経営。2003年、グレッグの死をきっかけに、枯葉剤についての映画製作を決意。2007年、「花はどこへいった」完成。2011年、NHKのETV特集「枯葉剤の傷痕を見つめて～アメリカ・ベトナム 次世代からの問いかけ」を制作、ギャラクシー賞ほか受賞。2011年3月に起こった福島第一原発の事故後から、核や原子力についての取材を始め、2014年、「わたしの、終わらない旅」、2018年、「モルゲン、明日」を発表。2022年、再び枯葉剤をテーマに「失われた時の中で」を発表している。
また、自ら提唱者となり、枯葉剤被害者の子どもたちを対象とした奨学金基金「希望の種」をハノイのVAVAとともに設立。2010年から約10年にわたる活動の中で、これまでに1000万円以上の寄付が集まり、150人以上の子どもたちの教育を支援している。
著書に『花はどこへいった』（2008、トランスビュー）。

作品リスト
「花はどこへいった」（2007）毎日映画コンクールドキュメンタリー映画賞、パリ国際環境映画祭特別賞、アースビジョン審査員賞受賞
「沈黙の春を生きて」（2011）仏・ヴァレンシエンヌ映画祭批評家賞・観客賞受賞、文化庁映画賞・文化記録映画部門優秀賞選出
「わたしの、終わらない旅」（2014）
「モルゲン、明日」（2018）
「失われた時の中で」（2022）

枯葉剤の傷跡をみつめて――ある映像作家の「失われた時」への歩み

2024年１月15日　初版第１刷発行

著者 ――― 坂田雅子
発行者 ―― 平田　勝
発行 ――― 花伝社
発売 ――― 共栄書房
〒101-0065　東京都千代田区西神田2-5-11出版輸送ビル2F
電話　03-3263-3813
FAX　03-3239-8272
E-mail　info@kadensha.net
URL　https://www.kadensha.net
振替 ―――00140-6-59661
装幀 ――― 生沼伸子
印刷・製本― 中央精版印刷株式会社

ISBN978-4-7634-2097-8 C0036